AF390273

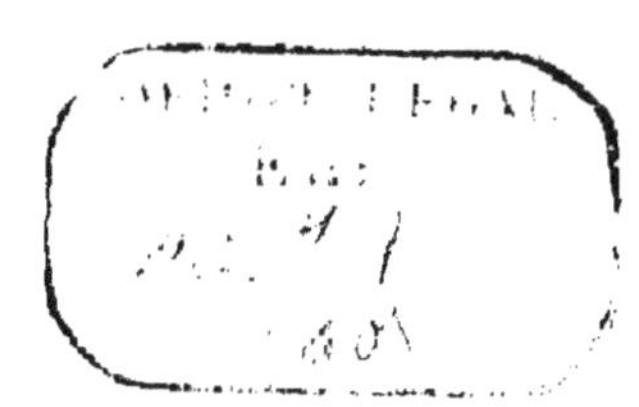

LES
Littératures Provinciales

PAR

CHARLES-BRUN

BIBLIOTHÈQUE
RÉGIONALISTE

BLOUD & Cie A PARIS

Littératures Provinciales

BIBLIOTHÈQUE RÉGIONALISTE

Frédéric CHARPIN, Directeur

Volumes in-16 illustrés de 80 à 120 pages.

Prix : 1 fr.; *franco :* **1 fr. 20.**

Bloud et Cⁱᵉ, Éditeurs, 4, rue Madame, Paris

La **Bibliothèque Régionaliste** s'intéresse à tout ce qui concerne *la vie des provinces.*

La **Bibliothèque Régionaliste** étudie l'histoire, les traditions, les légendes, les littératures, les chants populaires, les costumes, les richesses artistiques, les sites, les ressources économiques et les mœurs de *toutes les régions françaises.*

La **Bibliothèque Régionaliste** renseigne sur toutes les manifestations de l'*esprit particulariste,* en France et à l'Étranger.

La **Bibliothèque Régionaliste,** par ses publications de *vulgarisation* et de *propagande,* a pour but la *renaissance provinciale.*

Vient de paraître.

Aix-en-Provence, par Jules Charles-Roux, ancien député de Marseille. — 18 gravures hors texte. — 1 volume.

CHARLES-BRUN

Agrégé de l'Université.
Professeur au Collège Libre des Sciences Sociales,
Délégué général de la Fédération Régionaliste Française.

LES

Littératures Provinciales

AVEC

UNE ESQUISSE DE GÉOGRAPHIE LITTÉRAIRE DE LA FRANCE

PAR

M. P. DE BEAUREPAIRE-FROMENT

Directeur
de la *Revue du Traditionnisme français et étranger*.

PARIS

BLOUD ET Cⁱᵉ, ÉDITEURS

4, RUE MADAME, 4

—

1907

OUVRAGES DU MÊME AUTEUR

Chants d'Éphèbe, *poésies.* Paris. Lemerre, 1891.
Les Troubadours à la Cour des Seigneurs de Montpellier. Montpellier. Hamelin, 1893 *(épuisé).*
Onyx et Pastels, *poésies.* Montpellier, Coulet, 1895.
L'Évolution Félibréenne. Lyon. Paquet, 1896.
Les Voyages, *poème.* Paris. F. Levé, 1903 *(épuisé).*

Pour paraître prochainement dans la BIBLIOTHÈQUE RÉGIONALISTE :

Qu'est-ce que le régionalisme ?
Les Colonies Provinciales de Paris.
Les Réformes administratives et la Décentralisation.

L'ACTION RÉGIONALISTE

Revue du Mouvement Fédéraliste et Décentralisateur
Bulletin mensuel de la **Fédération Régionaliste Française.**
Directeur : **CHARLES-BRUN**

Bureaux : 5, rue d'Odessa, Paris (xive) — *Abonnement :* **5** francs par an.

LES

Littératures Provinciales

AVANT-PROPOS

On ne trouvera pas ici une étude aussi vaste que semble le promettre le titre de cet opuscule, Le seul propos de l'auteur est de dégager quelques règles générales et de donner une préface à une série de monographies dont chacune aura son intérêt propre et formera un tout. Réduit à ces proportions, le sujet est encore assez ample et vaut d'être traité.

Notre travail ne s'étend qu'à la France. Il laisse de côté la floraison magnifique des littératures provinciales à l'étranger, et notamment en Allemagne[1]. Avant le triomphe d'un dialecte

1. A. Bossert : *Gœthe, ses précurseurs et ses contemporains*. Paris. Hachette, 1872, p. VI : «... Ce qui restera toujours pour nous un fait curieux, sans parallèle dans notre propre histoire, c'est le fait d'une littérature voyageant pour ainsi dire d'une ville à l'autre, s'établissant tour à tour à Leipsick, à Gœttingue, à Weimar, à Dresde, à Berlin, et visitant successivement toutes les provinces de ce pays qu'elle est appelée à régénérer et à tourner vers l'idéal. »

devenu langue classique, toutes les littératures européennes ont traversé la phase provinciale : les *Nibelungen* sont des bords du Danube, la *Chanson de Roland* est sans doute normande, les meilleurs de nos fableaux sont picards. En retour, après l'épanouissement de l'âge classique, il se produit une sorte de segmentation, et les sèves dialectales bouillonnent de nouveau. Est-il juste, même, de croire que ces littératures locales, dédaignées ou éclipsées, mais qui ont toujours gardé leurs fidèles, aient cédé complètement le pas à la littérature de la Cour et de la Ville ? On pourrait tracer toute une histoire de la France littéraire inconnue ou méconnue, qui n'aurait pas moins d'attraits que l'officielle. La Monnoye et Goudouli ont écrit aux siècles classiques.

Ce n'est point même cette histoire que nous avons en vue dans ce court traité. C'en est, tout au plus, un chapitre. Pour arbitraire que soit forcément une délimitation de cet ordre, il n'est pas absolument sans raison que l'opinion commune place aux environs de 1850 le réveil de l'activité littéraire des régions françaises. La rencontre est frappante, qui groupe en une vingtaine d'années les poèmes de Brizeux, les romans berrichons de George Sand et *Mirèio*. Et

depuis, la liste serait trop longue des œuvres littéraires que les provinces françaises ont vu naître
et ont inspirées, des associations qui ont suscité
ou dirigé ce mouvement ; l'étranger, qui y jette
des regards perspicaces, nous pourrait souvent
renseigner.

Les tableaux qui forment appendice, et qui
sont incomplets, montrent assez l'abondance de la
matière. L'heure semble donc venue d'étudier le
véritable phénomène esthétique, moral et social
que présente ce réveil. Il n'est pas isolé, en effet ;
il est lié de la façon la plus étroite à un mouvement plus général qu'il a été d'usage, tour à
tour, de dénommer décentralisateur, provincialiste, fédéraliste, régionaliste. Tout a été dit sur
cette révolte presque inconsciente d'un pays entier
contre une centralisation, qui, ayant produit tous
ses effets utiles, n'amène plus, suivant le mot de
Lamennais en 1848, que « l'apoplexie au centre
et la paralysie aux extrémités. » Ce que l'on saisit
moins d'habitude, c'est l'extraordinaire variété
que peut revêtir un mouvement semblable. Réforme administrative, économies budgétaires,
mise en valeur des pays, protection des sites,
maintien des costumes en danger de disparaître,
outillage économique, organisation plus ration-

nelle des Universités, art et théâtre populaires, et combien d'autres entreprises ! sollicitent également l'attention des décentralisateurs. Le régionalisme intellectuel, pour parler le jargon des sociologues, n'est lui-même pas un. Tantôt c'est la question de l'enseignement et de son adaptation aux besoins régionaux qui nous occupe. Certains veulent un art local, logique et approprié : musées, écoles artistiques régionales, utilisation en musique des thèmes populaires, décoration du meuble et de l'objet usuel par la stylisation de la flore locale, réclament tous leurs soins. Enfin, il est superflu de dire que, dans ce mouvement, les littératures provinciales ont un rôle capital à jouer et en ont tenu déjà un fort considérable.

On peut se demander s'il n'eût pas été plus expédient, préjugeant une question délicate, de parler ici de littératures *régionales* et non *provinciales*. En fait, la matière n'eût pas changé : et c'est un des points du programme où cette légère confusion ne présente point les inconvénients ordinaires et où il a paru bon de ne pas heurter un usage assez bien fondé. S'il s'agit de réforme administrative, il est peut-être trop précis de parler de provinces : beaucoup d'entre elles seraient, sans doute, restaurées par une nouvelle division territoriale, mais quelques-unes n'ont jamais eu qu'une existence assez précaire et leurs inégalités seraient trop choquantes. On peut donc avoir pour objectif la constitution de régions nouvelles, qui, respectant tout ce qui a survécu, concilient en même temps le maximum d'intérêts nouveaux. Cependant, ces régions souhaitées n'existent pas : la littérature provinciale, nous le verrons, est un des éléments qui contribueront à les délimiter. Pour l'heure, ce sont bien les provinces françaises qui fournissent aux écrivains que nous étudions ici leurs plus sûres et leurs plus précieuses inspirations. Et, (si forte est la part du sentiment et de la tradition dans tout ce qui touche à l'art et à la poésie), je pense que, même dans une France régionaliste, ce seront encore nos provinces aux noms si doux et si évocateurs, Bretagne, Provence, Languedoc, Flandre, Alsace, que peintres ou poètes régionalistes traduiront ou chanteront.

Un tel phénomène, ou ensemble de phénomènes, a des causes. Nous essaierons d'abord de les établir. Il nous faudra ensuite nous livrer à un travail de distinction assez minutieux. On embrasse sous un même nom des faits d'ordre divers, car la matière est encore embrouillée, et il n'est pas rare de voir confondre les termes de *décentralisation littéraire* et de *régionalisme* ou *provincialisme littéraire*, alors qu'ils répondent à des réalités fort peu semblables. Une littérature provinciale se reconnaît à des caractères précis, qu'il sera utile de déterminer, au risque de nous alourdir de méthode. Entre tous, un critère, celui de l'idiome employé, nous retiendra : car c'est toute la question des langues locales qu'il pose. Si l'appendice terminal nous permet de ne pas entrer dans des détails trop minutieux, du moins ne sera-t-il pas superflu de noter quels genres littéraires ont eu les prédilections de nos écrivains de province : il y a là, en effet, une indication esthétique du plus haut prix. Enfin, et ce sera notre conclusion, nous n'aurions pas épuisé le sujet, si nous n'essayions de marquer à la littérature sa part dans le mouvement régionaliste. Peu de problèmes ont été aussi fréquemment et vivement débattus : et cette question doctrinale a une importance qui ne saurait échapper à personne. La littérature provinciale peut-elle exister et se développer, abstraction faite de tout mouvement social, économique et politique? Peut-on la supposer dans un État où la centralisation, sans cesse perfectionnée, ne rencontrerait ni obstacles ni contre-poids? Ne serait-elle point, en une pareille rencontre, condamnée ou à un développement artificiel ou à une prompte décadence? Peut-elle jouer seulement le rôle d'un excitateur moral, rendre aux provinces la conscience de leur originalité, préluder à un mouvement plus général et plus profond? Ou, à l'inverse, ne sera-t-elle que l'aboutissant et la conséquence d'une révolution politique, qui, sans compromettre l'unité nationale, sauvegardera les libertés nécessaires de la commune et de la région?

On voit la portée et l'intérêt du problème, et qu'il ne s'agit plus d'un divertissement d'artistes curieux ou de dilettanti. Par là, s'excuse peut-être, dans une certaine mesure, ce que ce petit livre, consacré à une question d'art et de beauté, et qu'il aurait été facile de parfumer et de fleurir en évoquant les garrigues méridionales ou les landes bretonnes, la montagne et la mer, la bruyère et le sapin, les innombrables aspects de la nature française, les paysages infiniment variés de l'âme des provinces, — garde de sec, de froid et d'abstrait, introduction philosophique à une symphonie merveilleusement orchestrée pour le plaisir de nos oreilles et de nos esprits.

CHAPITRE PREMIER

LE RENOUVEAU DES LITTÉRATURES
PROVINCIALES ET SES CAUSES

Les provinces françaises ont toujours eu leur littérature, et je ne veux pas dire avant l'âge classique, où la chose est par trop évidente. La suprématie intellectuelle de Paris est assez vieille : Quesnes de Béthune fut raillé à la cour de France pour ce qu'il ne chantait pas en françois. Mais, même aux époques où le rayonnement de la littérature officielle allait si loin par delà nos frontières qu'il nous cache tout naturellement les petites gloires locales, il ne faut pas imaginer qu'il n'y eût bon écrivain que de Paris. Un grand nombre de villes, dont toutes n'étaient pas fort importantes, étaient de véritables centres « intellectuels » de production et de publication [1] : académies, palinods, jeux floraux et puys ont gardé longtemps leur prestige, leurs concours et leur clientèle : magistrats, clercs et dames, férus de beau langage, avaient des lettres et le témoignaient dans leurs cercles. Lyon [2], si florissant au xvi⁰ siècle, Rouen, Tulle, Montpellier, Aix, pour ne citer que les points extrêmes du territoire, ont fait

---

1. On a fait la monographie de quelques-unes d'entre elles.
2. École de Lyon (Scève. Louise Labbé, Mlle Desroches. etc.).

preuve d'une activité incessante et qui n'était pas obligatoirement liée à celle d'une Université.

Mais, si la province avait ainsi une vitalité bien plus grande qu'on ne serait incliné à le croire, l'originalité s'y marquait peu. Le goût était vif pour les lettres et le public tout formé. « En province, dit encore Geslain [1] presque de nos jours, on se lit entre soi, c'est-à-dire entre amis, dans les publications des sociétés savantes, dans quelques journaux, dans les actes des académies départementales. » Sans doute, mais ce qu'on lisait ainsi, c'était trop souvent une imitation assez maladroite de la littérature parisienne. On se tromperait, si l'on jugeait que les chemins de fer et la rapidité générale des moyens de communication ont beaucoup contribué à répandre « l'air de la capitale » dans les provinces. M. Gaston Boissier le fait remarquer avec finesse : « Aussi loin que nous remontions dans notre histoire, quand nous étions terre romaine, on nous dit que les habitants de nos grandes villes avaient les yeux sur les sept collines pour reproduire ce qu'on y faisait. C'était la mode chez eux de se construire un Capitole ; leurs libraires étalaient sur leurs devantures les derniers livres de Pline, aussitôt qu'ils étaient parus, et les jeunes gens tiraient vanité de savoir par cœur et de répéter les petits vers de Martial. » Et nous savons, tout de même, que, lorsque Chapelle et Bachaumont s'en allèrent à Montpellier, ils y trouvèrent une compagnie de pecques qui étaient véritablement des pecques de province et faisaient les ren-

---

1. *La littérature contemporaine en province.*

chéries plus encore que celles de la Chambre bleue ou
des Samedis de Madelon, discutant sur le *Moïse* et le
Grand Cyrus et s'informant « de ces Messieurs de
l'Académie. » Tel était le travers coutumier. « Il n'en
est plus de même aujourd'hui », continue M. Boissier ;
« les auteurs se sont aperçus qu'il y avait hors de Paris
des pays dignes d'être regardés et des personnages qui
méritent d'être dépeints. » Je n'oserais être aussi opti-
miste que le critique, et l'ancien reproche aurait
encore grand risque d'être fondé vis-à-vis de bien des
compagnies littéraires de 1907 : mais que la province,
depuis une cinquantaine d'années, tende à se ressaisir
et y ait maintes fois réussi, on ne saurait aller là contre
et c'est à quoi je voudrais découvrir quelques motifs.

Il ne sera pas hors de propos de citer ici la page où
M. Lavisse[1] montre le besoin croissant de « différenciation », de ce qu'il appelle « l'individualisme national ». « Autrefois, il y avait en Europe des littératures
dominantes ; la nôtre a été presque universelle. Elle
est peut-être encore aujourd'hui la plus répandue.
Nous fournissons de drames et de comédies les scènes
des capitales, mais notre art dramatique, s'il a de la
force, de la finesse et de la grâce, est moins imper-
sonnel qu'autrefois : il est plus varié, plus français et
plus parisien. Il y a dans le monde une grande circula-
tion de romans, mais le roman renonce aux thèses
générales pour observer l'immédiat et le réel. Nous
nous délectons à trouver chez les écrivains anglais,

1. Lavisse : *Vue générale sur l'histoire politique de l'Europe.* Paris.
Colin, 1890. pp. 229.30.

russes ou allemands, des mœurs différentes des nôtres. Les différences, voilà ce qui apparaît toujours et partout. Autrefois, les lettres classiques étaient dans tous les pays le principal moyen d'éducation. Les humanités étaient naturellement internationales : tous les hommes qui comptaient dans la politique et dans la société avaient été les écoliers des mêmes maîtres. Aujourd'hui, nous contestons aux humanités, non seulement le droit exclusif, mais tout droit à l'éducation. Ici encore, l'esprit moderne procède à la destruction du général et de l'universel : il est séparatiste. De nos jours la longue évolution, commencée sur la ruine de l'empire romain, contrariée et par moments arrêtée par des sentiments, des idées et des habitudes, s'achève : l'individualisme national est un fait accompli. »

Par là, à un moindre degré peut-être, mais avec une vivacité non moindre, s'explique la recherche de l'originalité provinciale. M. Brunetière, recevant à l'Académie française un des bons romanciers de terroir, M. René Bazin, rappelait le mot de La Bruyère : « Celui qui se jette dans le peuple ou dans la province, y fait bientôt, s'il a des yeux, d'étranges découvertes. » Il y a là comme le pendant de l'évolution touristique qui nous a révélé une France inconnue, Vosges, Limousin, Cévennes, aussi pittoresque, — et peut-être davantage, — que la Suisse ou le Tyrol chers à M. Perrichon.

L'excès a produit le dégoût et postulé le remède. On a songé, avec M. Loti, qu'un jour viendrait où l'univers serait bien ennuyeux à visiter, étant partout uniforme, « sans barbe et sans cheveux », roulant dans le ciel « comme un gros potiron [1]. » L'article de Paris, répandu à foison par de pressants commis voyageurs, a quelque peu fatigué. On s'en découvre las, et dans la littérature comme dans tous les arts et dans tous les métiers. On n'est pas encore dégoûté de recevoir le journal parisien qui dispense à chaque habitué du Café du Commerce la dose nécessaire d'idées politiques et de jugements sur le fait du jour : mais on commence d'estimer qu'il y a peut-être quelque exagération à sursaturer la France, comme on fait, de pièces de théâtre ou de romans coulés dans le même moule.

Adroite et élégante (autant que l'inimitable article de Paris, le bijou ou la robe de la rue de la Paix), la production parisienne, qui est en général, du reste, le fait de provinciaux qui ont mal tourné, est tout ce qu'il y a au monde de plus factice et de plus monotone. On ne peut être surpris de voir diminuer sa faveur, et les artistes chercher ailleurs des sources d'inspiration moins épuisées.

Joignez-y que l'étude des mœurs et de la sensibilité provinciales se lie très bien avec l'acceptation du « fait centralisateur », et que beaucoup ont pu vouloir fixer les différences, précisément parce qu'ils les croyaient sur le point de s'effacer à jamais. Loin de s'exclure, les deux mobiles vont à un résultat identique. Cette tendresse, non pas posthume. presque déjà mortuaire, il est facile de la noter chez nombre de folk-loristes et de philologues, d'autant plus acharnés à cataloguer les formes dialectales, les traditions,

---

1. A. de Musset : *Dupont et Durand.*

les croyances, les proverbes, les contes et les chansons, qu'ils estiment que le temps leur manquera peut-être et que la génération prochaine n'aura plus la faculté de recueillir ces trésors disparus de la mémoire des hommes. Ainsi pour beaucoup d'artistes et de littérateurs provinciaux. Des gens qui aimaient les provinces ont jugé que les provinces — j'entends les originalités provinciales — devaient, fatalement et à bref délai, céder aux « progrès du modernisme [1] ». Depuis trois ou quatre cents ans qu'on l'affirme, et même un peu plus, les provinces, pour quelqu'un que l'on tue, se portent assez bien. Toujours est-il qu'à force de l'entendre redire, certains esprits ont déploré que les charmes de nos régions fussent sur le point de disparaître. Le provincialisme, ce fut chez ceux-là le sentiment qui nous porte à enfermer entre les deux feuillets d'un album une fleur qui évoque un souvenir très délicat ; ou bien encore celui qui nous force à regarder avec attendrissement l'image, qui commence à s'effacer, d'un être chéri jadis. Et ce n'est pas la raison la plus faible, je pense, du succès des littératures provinciales.

Mais d'autres forces y concourent. Que nous l'ap-

---

1. Cf. R. Bazin : *Questions littéraires et sociales.* Paris, Calmann-Lévy, 1906, p. 137. La province dans le roman : « Ces différences superficielles de costumes, d'habitudes et de langage, sur lesquelles nos écrivains, depuis trois siècles, ont insisté tant et tant de fois, sur lesquelles ils ont bâti des livres, qu'ils ne se lassent point de décrire lorsqu'ils opposent la province à Paris, disparaissent de plus en plus. Elles deviennent négligeables, tant à cause de ce que j'appellerai l'usure littéraire d'un pareil moyen, que pour cette autre raison, qu'il est tiré de l'histoire ancienne plus que de la réalité présente. »

prouvions ou non, la démocratie est un fait. Or, par
un phénomène assez singulier, ce gouvernement populaire n'a pas l'art populaire qui lui conviendrait. La
coupure si nette que la Renaissance a établie entre les
lettrés et les couches profondes de la nation, n'a fait
que s'élargir au cours des siècles. « Depuis l'avènement
de la démocratie, depuis l'affranchissement du peuple, »
écrit le plus zélé propagandiste de ces idées, M. Jean
Lahor[1], « il n'est plus d'art par le peuple, ni pour lui. »
On conçoit qu'une telle situation ait, à juste titre, paru
inquiétante. « L'art, » poursuit M. Lahor, « est pourtant, ainsi que la lumière et l'air et le pain quotidien,
ou que la science ou la justice, aussi indispensable au
peuple qu'il l'est à nous[2]. » Or, ne serait-ce pas surtout parce qu'on a offert au peuple une littérature et
un art trop éloignés de lui, trop généraux et trop
abstraits, ne serait-ce point parce qu'il n'y reconnait ·
plus des formes accoutumées et prochaines, qu'il se
réfugie tristement dans la chromolithographie, le
roman-feuilleton ou la chanson de café-concert ?
« Avant la Révolution, l'on trouvait dans nos provinces, comme partout en Europe, avec des poésies,
des musiques, des danses, des costumes populaires, un
art décoratif populaire, qui, quelquefois, fut charmant
et quelquefois délicieux »[3]. Dans nos provinces : et

---

1. J. Lahor : *L'art pour le peuple à défaut de l'art par le peuple*.
Paris, Larousse, s. d., p. 5.

2. « Le peuple n'a pas seulement droit à du pain, il a droit à de
la beauté, » a dit également M. Mirbeau.

3. J. Lahor: *Ib*. Cf. G. Sand . Avant-Propos de *François le Champi* :
« Car le paysan le plus simple et le plus naïf est encore artiste : et
moi, je prétends même que leur art est supérieur au nôtre. »

tout cela était provincial, au bon sens du mot, issu du sol, en rapport exact avec la mentalité des habitants, leurs habitudes traditionnelles et les nécessités ambiantes. C'est pourquoi le mouvement entrepris par un John Ruskin ou un William Morris pour « soustraire la classe populaire à la nocive influence de ces industriels et marchands qui obstinément et si profondément corrompent le goût artistique, » [1] pour décorer avec simplicité et logique la maison ouvrière, pour épurer les formes du mobilier et de l'objet usuel, se lie tout naturellement à un renouveau de littérature provinciale. Le peuple comprend mieux ce qui est écrit dans son langage, peint ses mœurs et, parfois, flagelle ses travers. C'est, par exemple, une littérature vraiment démocratique que celle des *Almanachs* publiés en langue du pays par les associations régionalistes. Les innombrables almanachs méridionaux, dont le plus ancien et le plus répandu est l'*Armana prouvençau*, apportent au paysan, avec un calendrier, des pronostics sur le temps et des conseils agricoles, une provision de contes, de bons mots, d'histoires touchantes, de poésies familières, qui peuvent repeupler les anciennes veillées. Les pièces de théâtre bretonnes et lorraines, représentées par des amateurs plébéiens, amassent et retiennent de vraies foules, plébéiennes aussi. Et, puisqu'on se montre justement occupé, dans les sphères gouvernementales, de « doter la démocratie française de fêtes artistiques et démocratiques, inspirées des légendes

1. J. Lahor : *Ib.*, p. 13. M. Jean Lahor est le fondateur de la *Société d'art populaire et d'hygiène.* (Président, M. Arthur Fontaine).

glorieuses de ses origines, des beaux épisodes de son histoire, » de « créer chez nous un art populaire et national, comparable à celui des tragédies grecques qu'applaudissait la république d'Athènes, à celui des Festspiele, où se complaît le peuple suisse, » de « renouer ainsi la grande tradition du *théâtre populaire*, et de donner à cette conception son orientation véritable [1], » on ne doit pas oublier que la province a eu ses pompes d'un incomparable éclat, et qu'on peut ordonner des fêtes originales et belles où le peuple ne manquera pas d'accourir, à la condition qu'on accorde le souci du futur avec une intelligente tradition et les règles générales de l'art avec une esthétique particulière et féconde. Les félibres [2] vraiment populaires, ouvriers pendant la semaine et, le dimanche ou aux votes [3], poètes de plein air, connaissent des ovations touchantes, et, plus d'une fois, les jeunes bardes de Bretagne, dans les pardons [4], ont fait reculer, devant leurs compositions bretonnes, les forains de Paris, colportant la dernière scie de Montmartre ou du faubourg Saint-Martin. Le peuple se com-

1. *La Revue d'Art dramatique et musical* (20 novembre 1906). Projet d'une représentation et d'une fête populaires, adressé au Conseil municipal de Paris. (Le rapport de M. Henri Turot a été favorable à ce projet.)

2. Membres d'une association méridionale fondée en 1854 et qui a pour but « de grouper fraternellement et d'enflammer les hommes qui avec leurs œuvres sauvent la langue des pays d'oc, et les savants et les artistes qui étudient et travaillent dans l'intérêt de ces contrées ou à leur sujet ». (Statuts de 1876.)

3. Fêtes populaires dans une partie du Midi.

4. Fêtes populaires bretonnes, d'origine religieuse.

2

plaît à ce qui vient véritablement de lui. Plus facilement peut-être qu'un meuble simple et sans surcharge, remplaçant la camelote semi-bourgeoise, ou qu'une large fresque au pochoir, substituée au papier de tenture ridicule et banal, l'ouvrier accepterait une littérature facile à comprendre, appropriée à ses besoins, émouvant sa sensibilité profonde, chantant sa vie, idéalisant son effort, en bref, plus saine et plus fraîche [1].

Ce besoin de fraîcheur, de santé et de moralité, pour mieux dire, a, du reste, agi vivement en dehors même de toute préoccupation démocratique. Mettons qu'il ait été purement instinctif, désir de contraste et de changement, analogue à celui qui fit chérir Rous-seau et Trianon [2]. L'humanité aime à se retourner parfois sur sa couche. Tant y a que le dégoût de la littérature parisienne, singulièrement faisandée dans la monotonie dont nous parlions tout à l'heure, ou monotone dans son immoralité, (et la débauche est, de fait, déplorablement monotone), a contribué d'une indiscutable façon à propager le goût d'une littérature vivifiée par son contact avec le sol, et retrem-

1. Gaston Paris, assistant à la représentation de la *Vie de saint Gwénolé* (Ploujean, 14 août 1898), disait : « L'art contemporain est arrivé à une sorte d'impasse et réduit à l'artifice ; il se meurt, coupé dans sa racine, parce qu'il manque d'être populaire. »

2. George Sand est très expressive là-dessus. Elle a écrit la *Petite Fadette* pour faire entendre, au milieu des orages de 1848 à 1851, « un son de pipeau rustique, » pour « faire plaisir à ceux qui aiment cette note-là. » Elle voit (Avant-propos de *François le Champi*) les bergeries « en rapport inverse de la dépravation des mœurs. » Dans la Notice de la *Mare au diable*, elle se défend d'avoir « aucun système, aucune prétention révolutionnaire en littérature. » Elle a « voulu faire une chose très touchante et très simple. »

pée aux sources claires. « Lorsque nos psycholo-
gues », disait un des orateurs du XXIIIe congrès de
la Société d'Économie Sociale [1], « ont étudié, avec
le luxe de détails que vous savez, les positions que
peut prendre la combinaison classique du mari, de
la femme et du troisième personnage de tous nos
vaudevilles et de tous nos drames ; lorsque nos
poètes ont chanté la Muse verte ou « blagué », et
quelquefois avec beaucoup de talent, le personnage
qui a la vogue ; lorsque la littérature parisienne a
fait sa double tâche, d'une part, de démoralisation,
et, d'autre part de « rosserie », à quoi elle excelle,
elle n'a plus qu'à se répéter : elle se répète. » Il est
désastreux que le monde nous juge, comme il fait,
sur ces « produits » tout spéciaux et qui donnent
de la société française une idée aussi peu flatteuse
qu'inexacte, en somme. Il y a un autre Paris que celui
du boulevard, une autre France que celle de Paris.
C'est cette France que M. A. Le Braz décrit, en ce
moment même, devant les Universités, les clubs et les
cercles du Nouveau Monde[2]. « Les Américains »,
écrivait-il avant de s'embarquer, « à qui l'on a trop
appris jusqu'à présent à juger de la France par Paris,
vont s'apercevoir qu'il existe en France une vie provinciale qui vaut d'être connue[3]. » C'est cette France,
un peu méconnue, c'est cette vie provinciale, pro-

1. V. la *Réforme sociale*, 1er juillet 1904.

2. M. A. Le Braz traite, en ce moment, en Amérique, pour l' « Al-
liance française », de « la France provinciale et du mouvement
décentralisateur contemporain. »

3. V. l'*Action régionaliste*, octobre 1906.

digieusement diverse, mais qui garde des traits communs de fidélité, de labeur, de patience, d'économie, que nos « provincialistes » nous montrent et dont nous nous sommes tous ravis. Parce que ce sont des vues neuves et aussi savoureuses que des vues exotiques, disions-nous en débutant ; (un paysan du Limousin est peut-être plus éloigné de nous qu'un bourgeois d'Allemagne ou un étudiant de Scandinavie ;) mais aussi parce que ce sont des vues reposantes et qui ont leur réconfort. « Sans doute ils (ceux qui peindraient la province) trouveraient », écrit encore M. René Bazin [1], « un décor indéfiniment renouvelé, dans ces paysages de villes et de campagnes dont la variété émerveille l'étranger et lui fait aimer notre pays, ce « splendide hexagone », comme dit Miss Betham Edwars ; et ce serait déjà quelque chose de ne pas être exposé à relire la description des ponts de la Seine au soleil couchant, ou de la ville aperçue du haut de Montmartre à l'heure du bec de gaz. Mais la nouveauté de tels romans, je le répète, serait due à d'autres causes plus profondes, et d'abord à cette constatation que la vie humaine est partout digne du même intérêt, capable de provoquer les mêmes émotions, les mêmes colères, les mêmes admirations. Les romanciers, dégagés du préjugé traditionnel, découvriraient la France du silence, celle qui sème et récolte pour Paris qui fait tant de bruit ; ils apercevraient la grandeur de sa mission qui est de perpétuer la race, de la nourrir et d'en maintenir l'énergie morale et les qualités essen-

---

1. V. René Bazin : *op. cit.*, pp. 138-139.

tielles par le constant apport d'éléments sains qu'elle envoie non seulement à Paris, mais dans toutes nos grandes villes. Ils reconnaîtraient que ce qui fait le génie de la France s'agite, plus ou moins obscurément, dans toute la France ; que les paysans, les ouvriers, les bourgeois des moindres bourgs n'ont pas seulement un esprit qui leur est propre, mais un fond de qualités solides sans lesquelles un peuple ne survivrait pas à tant de causes de désagrégation, bon sens, courage, initiative, générosité, et le reste ; ils diraient ce monde merveilleux de travail qu'est notre patrie, et comment nulle race n'est peut-être mieux douée pour la diversité des métiers et des arts ; et quelles preuves d'endurance et de probité peuvent offrir les plus humbles existences. » De même que notre langue harassée, appauvrie et réduite aux termes les plus généraux, s'est retrempée à l'apport de tel ou tel dialecte local, (voyez ce qu'un Léon Cladel, un Daudet, un Paul Arène, un Pouvillon, un Paul Harel, même une George Sand, un Barbey, un Flaubert, un Maupassant, ont fait d'heureux emprunts au parler de leur province !) de même donc, que notre langue use, de temps en temps, de ces toniques et se rend plus savoureuse au contact de ces dialectes qui lui fournissent des mots et des tournures, de même notre littérature, il faut parfois qu'elle se mette au vert. Dieu merci ! elle semble s'y être mise.

De telles raisons, fortes en elles-mêmes et plus encore par leur réunion, car on a pu voir qu'elles concordent, suffisent amplement à nous satisfaire et à expliquer la renaissance provinciale dont nous entretenons nos lecteurs. Il y en a eu d'autres, accessoires, il est vrai, non moins efficientes. Après avoir marqué « l'action très naturelle » du Félibrige « sur l'esprit de beaucoup de décentralisateurs français, » M. Ch. Maurras[1] poursuit : « Mais il est juste de noter que les vues Saint-Simoniennes, les recherches des historiens romantiques, la théorie des nationalités, le réveil de l'Allemagne et de l'Italie excité par la pensée française, la philosophie libérale de 1848 n'avaient pas été sans influence non plus sur l'esprit de l'auteur de *Mireille* et de *Calendal* qui, d'ailleurs, rendit au centuple ce qu'il avait reçu. » Et cela n'est pas exact seulement pour Mistral et le Félibrige. Il est clair que c'est aux environs de 1830 qu'il faut placer les premières origines de ce mouvement de renaissance que nous avons vu se développer vingt ans après, et qu'elles sont multiples. On a pu reprocher au romantisme son moyen âge et son exotisme de « bric à brac »; il a préféré, avec exagération, la forêt vierge au parc de Versailles; il n'en est pas moins, par un côté, un retour à la tradition historique nationale (provinciale, nous l'avons vu), un rajeunissement et, suivant le mot de M. Lanson[2], « un élargissement, ou plutôt un déplacement du domaine littéraire. » Balzac et George Sand ont vu la province. Des âmes romantiques sont mieux préparées à rechercher et à sentir ces « différences » que nous relevons ici.

1. Ch. Maurras : *L'Idée de la décentralisation*. Paris, Larousse, s. d., p. 10.

2. G. Lanson : *Histoire de la littérature française*. Paris, Hachette. 1895, p. 920.

De 1830 encore date cette renaissance historique, si merveilleusement servie par le développement des sciences auxiliaires de l'histoire, trop longtemps négligées, et par l'érudition locale. Une connaissance plus exacte, un goût plus averti du passé, une mise au jour, patiente et méthodique, de tous nos trésors (chansons, contes, légendes, traditions, etc.), peut sembler ne rien avoir de littéraire ni d'artistique. Pourtant, artistes et littérateurs, outre le bénéfice de l'attention attirée et du public formé par ce labeur, ont trouvé dans les travaux des érudits et des folk-loristes une matière riche et prête à être mise en œuvre[1]. Comme le musicien peut interpréter un thème populaire, mille traits touchants ou gracieux de l'imagination provinciale, recueillis par ces savants de province dont on fait fi un peu ridiculement, donnent à un poète ou à un romancier la connaissance de la couleur locale. On l'a bien vu par Mistral, qui n'a dédaigné aucune des parties du programme régionaliste, et qui, s'il organise à présent des fêtes en l'honneur du costume[2] ou un musée régional, a écrit le *Trésor du Félibrige* de la main qui avait écrit *Nerto* et les *Isclo d'Or*, et a, pour ainsi dire, solidement maçonné les soubassements de son édifice. Il

1. A. Bossert : *op. cit.*, p. xvi : « Quand Herder, après lui (Bodmer), rassembla les chants populaires non seulement de l'Allemagne, mais de toutes les nations connues, on l'accusa de chercher la poésie dans les carrefours : mais ce que la littérature savante pouvait gagner au contact de ces manifestations franches et naïves de la vie populaire, Gœthe et Uhland le montrèrent plus tard. »

2. Fêtes parthéniennes d'Arles. M. G. Paris a fait voir que le principal charme des poèmes de Mistral est la peinture complète et exacte de la « vie provençale. »

n'est que trop vrai que les sociétés et les académies provinciales ont souvent mérité des sarcasmes, d'ailleurs faciles, que la méthode leur a parfois manqué, que les rivalités et les jalousies en ont fait un sujet commode de satire et de poème héroï-comique : mais il serait inique de ne les juger qu'à travers des caricatures, ainsi que font les lecteurs exclusifs de Champfleury[1]. Sans rien exagérer, elles ont fourni une somme de travail considérable, beaucoup fouillé, beaucoup publié, beaucoup révélé[2], et, principalement, excité beaucoup de zèles et de curiosités autour d'elles.

La réforme de notre enseignement supérieur, pour être plus récente, n'en a pas moins porté déjà d'assez beaux fruits. Parmi toutes les raisons qui ont milité en faveur de la constitution des Universités, la moins claire n'était pas la nécessité de décongestionner intellectuellement la France, par la création de « vrais foyers d'études et de savoir[3], » foyers naturellement

1. *Les Bourgeois de Molinchart.*

2. Cf. les innombrables *Mémoires* de Sociétés provinciales, d'archéologie, de lettres, sciences et arts, etc., les comptes rendus des Assises de Caumont, des Congrès des Sociétés provinciales (Normandie 1905, Provence 1906, pour ne citer que les plus récents), des Congrès des Sociétés savantes, tenus d'abord uniquement à Paris et, depuis quelques années, alternativement à Paris et dans une ville de province.

3. Cf. Bardoux : *Guizot.* Paris, Hachette, pp. 70 et 71 : «Guizot avait remarqué que nos départements ne voyaient plus habituellement, ainsi que nos provinces d'autrefois, des hommes considérables par les lumières et les goûts intellectuels, comme par leur situation sociale, rester fixés dans leur ville natale ou leur campagne, et y vivre satisfaits, répandant autour d'eux les trésors de leur intelligence, comme ceux de leur fortune. Il n'avait garde de croire que les quelques Facultés des lettres, des sciences ou de droit, placées

régionaux, s'ils ne veulent pas s'éteindre. Toutes les Universités françaises n'ont pas compris pleinement leur mission d'« âmes vivantes de nos cités »[1] ; beaucoup, du moins, l'ont assez largement entrevue. Le Recteur de l'une d'entre elles[2], dans un de ses discours de rentrée, a bien indiqué que l'Université régionale devait être comme le centre et le bureau commun de toutes les sociétés savantes de la région, la régulatrice de toutes les études consacrées à cette même région. C'est le bon sens même. Ainsi, se constituerait, lentement peut-être, mais sûrement, le public de lecteurs et d'amateurs nécessaire à toute entreprise de décentralisation littéraire ou artistique.

Un tel mouvement de renaissance des originalités locales n'a pas eu pour théâtre la France toute seule et l'on n'ignore pas qu'il y a une histoire de la littérature européenne, c'est-à-dire de l'action constante des diverses littératures de l'Europe les unes sur les autres. M. Maurras[3] rappelle la théorie des nationalités. Si la théorie des nationalités est, semble-t-il, plus spéciale au second Empire, il ne faut pas oublier que leur réveil

ça et là loin de Paris, pussent avoir la vertu de guérir ce mal, produit et fomenté par tant de causes. Ce fut l'honneur de Guizot de penser que, parmi les remèdes à employer, l'un des plus praticables et des plus efficaces était la création de quelques grandes Universités, vrais foyers d'études et de savoir ; mais pour répondre à leur destination, de tels établissements devaient être complets et éclatants par le nombre des chaires, la multiplicité et la variété des enseignements, des laboratoires et des moyens de travail. »

1. J. Izoulet.

2. M. A. Benoist, Recteur de l'Université de Montpellier.

3. V. plus haut.

date de 1830, et même d'un peu auparavant. Or, prenons-y garde, il ne s'est pas seulement agi là de grandes nations, mais bien souvent aussi de petites (Grèce, Roumanie, etc.), dont l'étendue et les ressources ne dépassent guère celles de nos grandes provinces ; et, d'autre part, le processus a toujours été le même.

Épuration et culte de la langue, « marque de noblesse des Roumains au milieu des Barbares[1], » conscience de « l'identité d'antécédents politiques, possession d'une histoire nationale[2], » maintien et renouveau de cette poésie populaire qui enflamma la Grèce[3] et qu'un Roumain, Theodoresco, appelle « la chronique de l'existence d'un peuple », en résumé, renaissance linguistique et littéraire, précédant et nécessitant la renaissance de la race, telle nous apparaît la genèse de ce mouvement. De même nous avons pu voir, à de récentes expositions, l'art rustique français demander aux Russes et aux Roumains des indications et des modèles. Il n'est pas contestable qu'un regain aussi général de l'art, de la poésie et de la légende populaires n'ait exercé une influence considérable sur notre propre mentalité, et que la Flandre, la Bretagne, le pays basque, par exemple, n'aient eu dans leur régionalisme à peu près le même développement.

Enfin, le dirons-nous ? il n'est pas jusqu'à ces faci-

1. Edgar Quinet.

2. Stuart Mill.

3. Cf. le poème de Rhigas de Velestino : « Levez-vous, enfants des Hellènes... », qui fut la *Marseillaise* de l'insurrection.

lités de communication toujours plus grandes, et qui ont manifestement contribué pour une part à l'effacement des caractères provinciaux, déploré, exagéré peut-être par M. Bazin [1], qui n'aient aussi contribué, en même temps qu'à nous inspirer des regrets actifs et intelligents, à fixer en province des chercheurs, des artistes et des écrivains [2]. Dans la première période qui suivit l'installation des chemins de fer, tous vinrent à Paris et beaucoup s'y établirent. Depuis, la capitale continue, sans doute, à nous accabler de ses journaux et de ses publications nouvelles ; mais un certain nombre de lettrés et d'artistes, aujourd'hui, fuient, au contraire, les bords d'où tout leur arrive si commodément et où il leur est si aisé de revenir, deux mois de l'année, à l'époque des Salons ou du lancement d'un nouveau livre. C'est en province qu'ont vécu ou que vivent un Pouvillon, un

1. V. plus haut.

2. Ch. Maurras : *op. cit.*, pp. 40-41 : « Mais, dira-t-on, de nos jours, la pensée la plus casanière voyage et elle est incessamment visitée. — Sans doute. — Elle est même plus irritée, plus voyageuse qu'autrefois. — J'y consens. — Elle est donc moins locale ! — Ce n'est point une conséquence rigoureuse. La découverte de la navigation n'a point aboli la patrie, mais elle l'a rendue plus chère. Le commerce des peuples, le rapprochement des pays dans des conditions normales ne peuvent que rendre chaque patrie particulière plus agréable à son habitant, étant accrue, aidée, embellie d'apports étrangers. Elle peut, à la vérité, en être aussi recouverte et comme submergée. Mais c'est un accident, et il est réparable et justement par le remède de la politique locale, qui subordonne ces apports extérieurs et les adapte aux convenances du lieu. C'est la condition même du bien-aise personnel et de la prospérité publique. Bien loin que cette politique puisse être accusée d'aveuglement ou d'étroitesse en présence des nouveautés, elle fournit le moyen de se les approprier le plus heureusement. »

Mistral, un Bazin, un Pomairols; c'est en province que nos auteurs les plus parisiens, un Capus, un Maurice Donnay, se réfugient pour composer leurs œuvres les plus « parisiennes [1]. » Les jeunes commencent à ne plus croire aussi nécessaires à leur génie le ruisseau de la rue du Bac ou la bohème chère à Murger. A Georges Rodenbach écrivant : « Paris constitue le climat essentiel pour pousser l'œuvre littéraire à sa plus intense culture. Il y a on ne sait quoi, dans l'air de la grande capitale, qui passe par les vitres quand on travaille et dore la page comme un beau fruit. C'est une fièvre, une électricité nerveuse, un levain qui fermente, chauffe, active la cervelle, y fait lever les germes endormis que la province y sema, » ils répondraient volontiers avec Alphonse Karr : « Les poètes naissent en province et meurent à Paris. » Un de ceux qui, parmi la nouvelle génération, donnent les plus beaux et les plus légitimes espoirs, M. Marc Lafargue, écrivait, en 1901 [2] : « Cette tendance vers un art natu-

1. E. Goudeau : *Enquête sur la décentralisation artistique et littéraire.* Paris, Bibliothèque de l'Association, 1904, pp. 54-55 : « Paris est trop immense, devenu cosmopolite. Les travailleurs de lettres, même parisiens, se réfugient en des provinces reculées afin de pouvoir méditer avant d'écrire. » M. Donnay ; interview dans l'*Echo de Paris* (16 mai 1903) : « Ah! mais non! je ne suis pas Parisien, je n'aime pas Paris. Je déteste les dîners, les soirées, les premières. On rentre tard, on se lève tard, des visiteurs arrivent, pas moyen de travailler trois heures de suite. On n'a pas la continuité des heures... des heures qui se suivent, sans dérangement, calmes, silencieuses, toutes prises par la lecture, la pensée, l'écriture. Sans cette continuité, il ne m'est pas possible de discipliner ma vie, et c'est à la campagne seule que je la trouve... Je n'ai écrit une œuvre de quelque importance que du jour où j'ai quitté Paris... »

2. *La Revue provinciale*, I, p. 82.

rel, simple et profond, est si forte aujourd'hui que nous voyons l'élite des jeunes hommes rester sur la terre natale. Les esprits élevés ne veulent pas *faire de la littérature*, mais créer avec patience et émotion une belle œuvre d'art et de pensée. Or, quand on veut travailler avec conscience, on peut écrire de superbes œuvres dans la paix et la vie méditative de la Province. » L'opinion devient courante, de jour en jour, avec le développement monstrueux des « Villes tentaculaires. »

Achevons. Sans rien préjuger de la question que nous aborderons plus loin, il n'est pas douteux que le mouvement régionaliste, administratif, politique, économique, l'expansion de la doctrine (journaux, revues, brochures, conférences, congrès) n'aient eu pour effet de donner à un grand nombre de littérateurs et d'artistes le sens d'une tâche à remplir, et que le régionalisme littéraire ne soit devenu très conscient. De toutes les formes de la décentralisation, c'est la décentralisation intellectuelle qui est la plus communément admise. Comme nous aurons à le dire, on la découvre là même où elle n'existe pas, ou guère. Le gouvernement central ne s'y oppose point, quand il ne la favorise pas. Certains, qui sont hostiles à tout autre ordre de décentralisation, acceptent et souhaitent celui-là, sans craindre de se contredire. M. Faguet, peu après avoir affirmé : « La centralisation politique, militaire, financière est une nécessité absolue [1], » dit, avec autant de netteté : « La vie intellectuelle provinciale doit être

---

1. M. Ch. Maurras, citant M. Faguet, lui répond très bien (*L'Idée de la décentralisation*, p. 34) : « M. Faguet a raison partiellement. Il a raison de vouloir que nos forces militaires et les finances natio-

ranimée par tous les moyens possibles. » En 1904, le directeur d'une revue de Reims, *la Jeune Champagne*, M. J.-R. Aubert, publiait (Paris, Bibliothèque de l'Association) une fort intéressante enquête sur la décentralisation artistique et littéraire[1]. Sur trente-huit réponses, trois seulement étaient nettement défavorables. Mais Auguste Rodin écrivait : «Cette décentralisation artistique sera une source de progrès, résultat de l'émulation qu'elle ne manquera pas de produire. Bien au contraire, la centralisation paralyse le progrès, car bien des efforts qui devraient être remarquables, sont noyés dans la masse. » J.-F. Raffaëlli : « Je crois fermement à la nécessité d'un mouvement de décentralisation artistique, littéraire et sociale. » Et Émile Verhaeren : « Tout mouvement décentralisateur en art et littérature doit, à mon sens, être encouragé parce qu'il crée la variété et la vie... En outre, seule la décentralisation permet à l'esprit et à l'art populaires qui se différencient de province à province, d'éclore en des œuvres savoureuses et personnelles. Or cet esprit et cet art sont peut-être ce qu'il y a de plus profond et de plus simplement beau dans toutes les littératures du monde. »

nales demeurent au pouvoir central. Mais aucun fédéraliste, si extrême qu'il soit, ne songe à décentraliser les administrations de la Guerre, de la Marine ou des Affaires étrangères. Tous les fédéralistes laissent ces actions nationales aux organes de la nation. Ils reconnaissent de plus à l'Etat central un pouvoir de contrôle sur tout le reste. Ce qu'ils lui refusent, c'est l'action directe et personnelle dans la gestion des intérêts qui ne sont pas communs à tout le corps de la nation, mais bien particuliers aux municipalités, aux régions. »

1. V. plus haut la réponse citée de M. E. Goudeau.

CHAPITRE II

ESSAI DE DÉFINITION

Ne reculons ni devant les définitions, ni devant les distinctions, si pédantesque que puisse en paraître l'étalage. C'est de bonne méthode. En bien des cas, *décentralisation* et *régionalisme*, au stade où nous nous trouvons de l'évolution de nos idées, se peuvent employer l'un pour l'autre. Il est vrai. Ici la confusion, trop souvent et trop commodément acceptée, serait fâcheuse. Régions futures, ou provinces anciennes, survivant encore au moins dans les traditions, les affections, les souvenirs et la langue, voilà des originalités que la poésie reconnaît et célèbre. Mais, en théorie, on pourrait décentraliser intellectuellement, sans autre chose qu'un déplacement tout mécanique et matériel, si je puis dire : en fait, c'est bien ainsi que les décentralisateurs ont conçu le problème et lui ont apporté une solution.

De quoi se plaint-on ? disent-ils. De voir Paris tout accaparer, au point qu'une pièce de théâtre, un livre, un tableau n'ont chance de forcer l'approbation du grand public que si la capitale leur a donné sa consécration. Paris est le dispensateur de la renommée. « Je sais bien, » écrit M. Hippolyte Buffenoir [1], « que c'est

1. Réponse à l'*Enquête* citée plus haut. Et R. de Gourmont. *Ib.* :

un beau rêve que celui de réveiller les énergies des provinces, d'exciter le sentiment de la gloire autour du clocher natal et de retenir à son ombre ceux qu'il a vus naître et grandir. Mais le jeune homme, avide de renommée, qui se sent une étincelle au cœur et dont le talent tressaille sous l'aiguillon de l'espérance, ce jeune homme, dis-je, voudra toujours franchir ce cercle qui lui paraît étroit et il s'élancera tôt ou tard vers la Ville Lumière, afin d'essayer ses forces et de tenter la fortune. » *Voudra toujours* est peut-être une affirmation un peu hasardée : pourtant, en dépit d'honorables exceptions, l'exode dont parle M. Buffenoir est un fait trop réel, et, d'ailleurs, trop aisément explicable. Mais, si l'on créait en province, dans un certain nombre de grandes villes que leur situation, leur population et leur passé prédestinent à ce rôle, de véritables centres intellectuels et artistiques, si, notamment autour des Universités, comme nous le souhaitions plus haut, d'assez fortes organisations entreprenaient une lutte méthodique contre les organisations de la capitale, ne peut-on admettre que, sans jamais la détrôner, on la découronnerait d'une partie de son prestige ? Les journaux de province, s'ils n'ont pas tous entendu leurs véritables intérêts, commencent à les entendre. Outillés comme leurs confrères de Paris, demandant à des littérateurs parisiens ou à des hommes politiques leur première page, quelques grands journaux de province (je songe principalement à la *Dépêche de Toulouse* qui

« On écrit à Reims et à Orthez, (comme Francis Jammes); on n'a la gloire — ou la plus minime réputation valable — qu'à Paris. »

exerce une véritable suprématie dans sa région) combattent déjà victorieusement les organes parisiens, sur lesquels ils ont l'inappréciable avantage d'une « locale » intéressante et de douze ou vingt-quatre heures d'avance. De même, quelques grands théâtres (Lyon, Toulouse, Rouen, Nice) donnent la primeur d'ouvrages spécialement composés pour eux. Si des maisons d'édition sérieuses lançaient, chaque année, avec soin, un certain nombre de nouveautés judicieusement choisies, le public français n'achèterait-il pas leurs volumes, sans trop s'inquiéter du lieu de publication[1] ? Des revues naissent en province, naissent et meurent, hélas ! Mais si, au lieu d'une concurrence acharnée et qui se dispute un public fort restreint, nous n'avions qu'une seule revue, bien ordonnée, par région, ne pourrait-elle pas vivre ? Et il est mille autres moyens de décentraliser intellectuellement : réunions périodiques de sociétés, conférences et auditions, concerts, expositions locales et régionales. Ce ne sont pas là rêves en l'air. D'une part, beaucoup de ces projets ont subi l'épreuve de la réalisation, et les résultats un peu médiocres condamnent moins le principe que les défaillances d'une exécution prématurée. De l'autre, nous savons très bien qu'en Europe on ne compte plus les centres de publication et d'art, parfaitement distincts des capitales politiques : Bayreuth, Oxford ou Barcelone. Cette création de centres, ce fait tout matériel, j'y reviens, de publier, d'exposer, de mettre

---

1. Rémy de Gourmont : réponse à l'Enquête citée : « Faites à Reims une revue qui se fasse lire à Paris : et vous aurez décentralisé — pour un temps. »

en vente ou de faire représenter ailleurs qu'à Paris,
constitue la *décentralisation* littéraire et artistique.
Mais je prie de considérer que cet élément, tout de lieu,
est le seul qui lui soit logiquement nécessaire. A Lille,
à Nancy, à Bordeaux, cette décentralisation pourra
donner des résultats exactement pareils[1]. Et, comme
Paris, alors même qu'on le veut combattre, garde
toute son action, nous verrons des pièces parisiennes
montées en province, des romans parisiens édités
en province, des revues parisiennes publiées en province. Nous verrons : nous avons vu, nous voyons
tous les jours ce qui est, pour de bons esprits, une
maladresse ou un paradoxe. (La chose est allée si loin
que l'on décore même du nom de décentralisation des
entreprises qui semblent fort éloignées de mériter cet
honneur ; et il parait, si l'on en croit les gazettes, que
Mᵐᵉ Sarah-Bernhardt décentralise quand elle vient à
Libourne, et Mᵐᵉ Réjane ou Polin, quand ils exportent
à Marseille ou à Brive le dernier produit du café-
concert ou du boulevard.) On a eu beau jeu à railler
des tentatives décentralisatrices qui paraissent con-
damnées à un échec certain. « Nous avons tous lu,
malheureusement », disait l'orateur que je citais tout à
l'heure, « nous lisons encore, hélas ! ces revues qui
essaient, au fond d'une sous-préfecture reculée, avec
le concours de quelques abonnés recrutés à grand'
peine dans toute la famille du rédacteur en chef et de
son entourage, de singer le *Mercure de France*, l'*Ermi-*

---

1. Ch. Maurras : *op. cit.*, p. 36 : «... C'est fonder en province des
succursales de Paris ; c'est poser des miroirs, non point allumer des
foyers. »

tage ou la *Plume*. Il n'y a rien de surprenant à ce que ces revues se montrent fort au-dessous des modèles qu'elles se proposent. »

Je ne me montrerai pas aussi sévère. Pour maladroits qu'aient pu être des essais de cet ordre, ils ont eu leur utilité. Ce n'est pas un effort négligeable que d'avoir tenté de démontrer, même sans un succès éclatant, que l'on peut avoir du talent, ou, du moins, produire en province. La décentralisation littéraire a préparé le public ; elle a, jusqu'à un certain point, préparé aussi les auteurs au véritable régionalisme.

Leurs échecs peuvent leur avoir enseigné que, à vouloir supplanter Paris, ou le balancer, il fallait lui emprunter sa tactique, et que, comme il a créé un art à son image et tout parisien, presque insaisissable en dehors de son atmosphère, c'est un art local, un art particulier et approprié qu'il convient de créer en province. La décentralisation littéraire a été utile : il n'en reste pas moins que, dans son principe, dans sa vie intérieure, elle n'a rien de commun avec le provincialisme ou le régionalisme.

Allons plus loin. Il le faut, si nous voulons établir avec précision les caractères d'une véritable littérature provinciale. Il y a un faux régionalisme littéraire, ou, si le mot est trop dur, un régionalisme littéraire « approximatif ». C'est peut-être le plus connu : c'est assurément le plus facile. S'il n'est pas uniquement déterminé par le lieu de publication, comme nous venons de le voir pour la décentralisation littéraire, il l'est, du moins, par le sujet et par le ton général. On dit que Courbet, indigné de l'extraordinaire profusion de toiles bretonnes qui encombraient les ateliers, ne pouvait se tenir de crier aux jeunes peintres : « Mais vous n'avez donc pas de pays ! » Nous serions tentés d'en dire autant de livres consacrés à la gloire d'une province par des écrivains un peu hâtés, qui, venus de fort loin, ont pensé en acquérir par quelques jours, au plus par quelques mois d'études, une connaissance complète, et qui, suivant les hasards de la vogue, transportent ailleurs, l'année suivante, leur chevalet et leurs brosses. Je me souviens qu'un journaliste de Bretagne, nourri des meilleures intentions, demandait, après le succès du dernier livre berrichon de Hugues Lapaire, pourquoi ce dernier n'était pas attiré par les caractères et les paysages bretons. C'est peut-être que Lapaire est du Berry, répondit un régionaliste avisé !... Et, au surplus, il y a, dans cette abondance de faux provinciaux, quelque chose d'assez réconfortant : « l'hypocrisie est un hommage que le vice rend à la vertu » ; si le mouvement régionaliste n'était puissant, s'il ne satisfaisait des besoins véritables, nous ne verrions pas tant d'empressés se mettre à « faire de la province », comme on fait, au goût du jour, « du Louis XIII » ou « du moyen âge ».

Est-ce là tout ? Suffira-t-il, pour produire une œuvre nettement provinciale, de s'attacher à sa province, de l'aimer, et d'exprimer cet amour sincère ? Nous ne le croyons pas. Car il est bien vrai que des poètes sans nombre, et dont tous n'étaient pas dénués de talent, ont pris et prennent pour thème des banalités, qui, pour répondre à un sentiment véritable, n'en sont pas moins des banalités. Invoquer la petite patrie, le

coin de terre où l'on joua tout enfant, décrire le cime
tière où l'on veut mourir et le clocher qui abrita vos
premiers jeux, pleurer les coiffes blanches et les vieilles
maisons de bois, cela peut être une œuvre saine. Mais,
si le souvenir et le regret n'ont pas, oserai-je dire,
une exacte localisation, s'ils peuvent — et c'est là ce
que nous lisons chaque jour — s'appliquer indiffé-
remment à tout coin de terre et à tout clocher, force
est bien encore de refuser à cette œuvre saine, je l'accorde, touchante même, j'y consens, le caractère
d'œuvre provinciale. Le principe de « différenciation »
demeure, auquel nous nous référions au début de cette
étude ; et ce régionalisme, tout de velléités, n'est
encore qu'un régionalisme extérieur. Les âmes simples
seront peut-être troublées et contristées d'une rigueur
si scrupuleuse.

A quel signe reconnaîtrons-nous donc pour telle
une littérature provinciale, si ce n'est ni à son lieu
d'édition, ni à ses apostrophes chaleureuses ? Il est
temps de préciser et de conclure. A ce qu'elle est provinciale, tout uniment, c'est-à-dire expressive d'une
province. Ce qui embarrasse si fort la question, c'est
que, de même que l'on dit trop : la liberté, un mot, et
non : les libertés, qui sont des choses, on dit trop fréquemment la province et non les provinces. « La
province, écrivait plaisamment un journaliste, est
cette portion assez considérable de territoire qui commence aux fortifications de Paris et s'étend jusqu'à
l'Océan, jusqu'aux Alpes, jusqu'aux Pyrénées et jusqu'à la mer latine. » C'est la province qui a cette
méchante réputation et que nous voyons, assez volon-

tiers, à travers un album de caricatures de Charles
Huard. C'est d'elle que Molière fait dire : « Pour des
vers faits dans la province, ces vers-là sont fort beaux »,
et Gresset :

Elle a d'assez beaux yeux pour des yeux de province ;

elle encore qui donne à *provincial* et *provincialisme*
un sens de gaucherie, de maladresse et de badauderie.
« Je n'eus pas le *provincialisme* », écrit George Sand,
« de redouter une mystification de mauvais goût. »
Mais la province, (je reprends ici une distinction heureuse de M. Octave Mirbeau) n'existe pas, ou plutôt
elle n'existe pas d'une existence réelle ; c'est une
expression abstraite. Ce qui existe et doit exister, ce
sont les provinces. Un homme averti et qui a des
lettres et l'usage de la bonne compagnie, ne sera jamais
de province ; il pourra très bien être d'une province
et s'en flatter. Et tout de même, si la littérature de
province est, nécessairement, une littérature de qualité inférieure, vouée à la traînante imitation, aux
clichés et aux vieilleries, la littérature d'une province
pourra et devra être originale, savoureuse et vraie.

Une littérature ne sera donc provinciale et ne nous
satisfera pleinement que, si au lieu de nous apporter
l'éternelle peinture de sites connus, l'éternelle évo-
cation des mêmes thèmes, elle nous apporte des con-
ceptions originales, elle nous montre une façon propre
de réagir, et, pour reprendre la formule de M. Maurice
Barrès, « une nuance d'âme particulière[1]. » Un pré-

1. Maurice Barrès : *La Terre et les Morts*. Paris. à la *Patrie
française*. s. d , p. 25.

jugé assez répandu nous fait croire que l'esprit français est un. Il est un, peut-être, dans quelques généralités ; il est un, peut-être, dans quelques manières de raisonner et de concevoir. C'est, si on le veut, de certaines qualités assez communes qu'est fait cet esprit de mesure et de bon sens, et il y aurait beaucoup à dire là-dessus, que l'on appelle couramment l'esprit français. Peut-être aussi est-ce de certaines railleries, accessibles à toutes les provinces, qu'est fait ce que l'on appelle l'esprit gaulois. Mais il est faux que, dès que l'on veut avancer un peu plus loin, on trouve partout dans nos provinces, dans nos races si diverses, et cependant si harmonieusement fondues, les mêmes manières d'imaginer et de sentir. Or, l'œuvre d'art n'est possible qu'en tant qu'elle traduit un tempérament à part. « Ces provinces », poursuit M. Barrès[1], « de qui les gens superficiels croient le génie éteint, fournissent encore les grandes lumières intérieures qui échauffent et qui animent la France. Nous avons vu le reflet des Ardennes sur Taine, le reflet de la Bretagne sur Renan, le reflet de la Provence sur Mistral, le reflet de notre Alsace-Lorraine sur Erckmann-Chatrian. » Il est, dans toute région de France, un ensemble constitué par le sol, par le climat, par l'éclairage et par les eaux, un « régionalisme de la lumière[2] », que nos peintres connaissent bien, et qui n'est pleinement sensible qu'à l'autochtone. « Voici la Lorraine et son ciel : le grand ciel tourmenté de

1. Maurice Barrès : *La Terre et les Morts*. Paris, à la *Patrie française*, s. d., p. 26.

2. André Beaunier.

novembre, la vaste plaine avec ses bosselures et cent villages pleins de méfiance. O mon pays, ils disent que tes formes sont mesquines! Je te connais chargé de poésie[1]. » Demandez à Ferdinand Fabre si les Cévennes n'ont pas ému en lui des accords mystérieux, abruptes et rocailleuses comme il les vit, pleines d'odeurs sauvages et rudes. Demandez à M. Ch. Le Goffic si la Bretagne n'a pas son « originalité profonde »... « dans son sol heurté, ses bois secrets, ses prodigieux entassements de rocs, l'infini de ses landes et la pâle lumière qui met à son front comme un bandeau de gaze mourante et lointaine[2]. »

Pour former une âme provinciale, ce n'est pas tout que cet ensemble naturel : commandé par lui jusqu'à un certain point, voici le passé, avec ses puérilités et ses gloires, ses traditions et ses épopées, ses chansons et ses contes, ses costumes et ses jeux. M. Jean Revel trace ces lignes en tête des *Hôtes de l'Estuaire*[3] : « Si chaque écrivain de terroir voulait faire revivre les « hôtes » du coin de terre où lui-même vit, s'il essayait de ressusciter le passé de son habitat, il aurait une surprise, une joie, la révélation de quelque chose de grand. Il verrait que le sol est consubstantiel à ceux qui naquirent du sol et qui grandirent alimentés par lui. Apparaîtrait, en toute clarté, la chose que voici : le *pays* se laisse pénétrer, par un de ses *paysans* devenu instinctif, plus aisément que par un étranger... Par une

1. Maurice Barrès.

2. Ch. Le Goffic: *L'Ame Bretonne*. Paris, Champion, 1902. pp. 2-3.

3. Paris. Fasquelle. 1904.

sorte de réflexe, de vue intérieure, par retour sur soi-même, l'écrivain, qui pense, ne fait qu'imaginer, interpréter simplement, traduire, retrouver d'anciens types oubliés, des « états d'âme » évanouis, tout un peuple d'images, d'idées, d'actions. Il ne crée pas ; il évoque. Le philosophe, quand il est résolument « de telle région », de telle famille terrienne, se découvre des innéités qui ne furent jamais complètement abolies ; il possède une mémoire de l'encéphale et des fibres. Au cœur de son être intime se sont classés, sans qu'il en ait conscience, les existences et les phénomènes qui impressionnèrent ses procréateurs. »

Ainsi, par la double vertu du sol et de l'histoire commune à ses ancêtres, l'écrivain provincial peut saisir tous les caractères qui constituent la figure de sa province : par une étude volontaire et passionnée, il peut dégager en lui-même les linéaments, un peu effacés peut-être, de sa personnalité. Une qualité propre d'imagination et un choix d'images empruntées au fond populaire, aux phénomènes météorologiques, à la faune et à la flore du pays ; une qualité propre de sensibilité ; une conception particulière de tous les grands problèmes, une véritable philosophie, car un Languedocien n'entend pas de même qu'un Breton la nature, l'amour, l'infini ou la mort ; enfin une connaissance exacte des mœurs, si précieuse pour colorer un récit et le « situer » dans l'espace, en voilà plus qu'il ne faut pour assurer cette inappréciable variété que nous recherchons. Quiconque voudra faire une œuvre française, s'il n'a un génie de premier ordre, il n'y réussira pas. Au contraire, quiconque voudra faire une

œuvre provinciale, s'il est sincèrement provinciste,
s'il connaît et s'il aime sa province, s'il en sait les traditions et les coutumes, s'il en goûte pleinement le
décor et la langue, il pourra nous donner l'œuvre
de génie, je le pense, et cela s'est rencontré, mais
assurément l'œuvre savoureuse et pleine de sève que
nous dénommerons, cette fois, l'œuvre provinciale.
On peut croire que le salut des lettres françaises est à
ce prix.

A cette théorie esthétique du régionalisme dans
l'art, les objections n'ont pas manqué. Je ne retiens
que la plus spécieuse. Ne craint-on pas, en accordant
ainsi l'art avec un milieu strictement déterminé, (ce
qui le rend, on en convient, plus populaire, plus
logique, plus traditionnel), et en lui faisant exprimer
surtout des différences (ce qui lui assure une sincérité
originale), de restreindre singulièrement et le public à
qui s'adressera l'artiste, et le champ de vision de l'artiste lui-même? Ne va-t-on pas créer une sorte de
mésentente naturelle entre toutes les provinces françaises, et, par un détour, revenir à ces gloires de clocher que nous avons répudiées, il n'y a qu'un instant?
Et notre littérature ne s'interdira-t-elle pas, du coup,
tout sujet général et d'une portée véritablement
humaine?

M. Barrès a répondu avant moi, et c'était, j'imagine,
sur la côte de Vaudémont[1] : « Si j'avais compris le
monde comme la Lorraine, je serais un génie. Mais

1. M. Barrès : *Les Amitiés françaises*. Paris. Juven. p. 112 : « Sur
cet étroit plateau circulaire, je me sens toujours pénétré, saturé de
Lorraine. »

cela est rare. » Je sais une autre réponse que celle-là :
non qu'elle ne soit satisfaisante, à coup sûr : elle est un
peu trop modeste néanmoins, et, par là, moins juste.
C'est qu'en vérité je ne vois pas du tout pourquoi, de
même que l'on oppose toujours, dans la conception
patriotique, la qualité de Languedocien ou de Breton à
celle de Français (et c'est une grave erreur de logique),
on opposerait de même la qualité de provincial à la
qualité d'humain. L'erreur serait aussi grave. Et je
vois, à l'inverse, que, dans les littératures classiques,
il y a des chefs-d'œuvre qui sont tout à la fois régionalistes comme nous l'entendons, c'est-à-dire fortement différenciés, fortement imprégnés d'une race et
d'une région, et qui, pourtant, sont des chefs-d'œuvre
de l'humanité la plus haute. Je prie d'examiner si
Molière n'est pas parisien et s'il n'est pas humain en
même temps, si Rabelais n'a pas pris en Touraine la
matière et, jusqu'à un certain point, la forme de ses
contes immortels[1], et si, cependant, il y a un écrivain
qui nous donne mieux le sens de la plénitude de l'humanité ; ou si, parce que Dante est citoyen d'une petite
cité, cité à la forme antique, si, parce qu'il est Floren-
tin, qu'il a tout de Florence, et jusqu'aux petits côtés
tout « particularistes » que l'on reproche à nos écrivains de terroir, cependant la *Commedia* n'est pas, en
même temps, une œuvre humaine, et la plus large de
toutes.

Au surplus, il n'est que de s'entendre. Si des régio-

---

1. Comme Panurge, il est « né et a été nourry jeune au jardin de
France, c'est Touraine. »

nalistes exaltés ont prêché la restauration des douanes interprovinciales, aucun, à ma connaissance, n'a rêvé de cloisons étanches à dresser entre les provinces littéraires. Un Breton estimera fort bien la poésie plus ensoleillée et plus vibrante d'un poète de l'école de Toulouse, un Toulousain ne saurait demeurer insensible au charme mélancolique et pénétrant de la poésie armoricaine. Je rappelais tout à l'heure que, dès le moyen âge, il y avait eu une histoire de la littérature européenne, je veux dire des influences que les diverses littératures européennes ont exercées les unes sur les autres. Assurons-nous que, dans un siècle où l'on s'entiche si aisément d'exotisme et où les Japonais ont des lecteurs, la saveur d'une littérature provinciale, loin de nuire à son expansion, ne peut que la favoriser, au contraire. Mistral est commenté dans les universités allemandes ; les pays scandinaves ne l'ignorent point. Il passe, à bon droit, pour le plus grand poète vivant de la France contemporaine ; et pourtant, il ne se contente pas d'être provincial tout uniment, de chanter et de faire aimer la Provence ; il raffine et il va jusqu'au bout de ses principes, puisqu'il n'écrit pas en français, et qu'il use de la langue propre à sa province.

Notre étude serait forcément incomplète, en effet, si elle négligeait un caractère vraiment « dominateur », et tel que nul autre n'a sa valeur diacritique, en matière de littératures provinciales : celui de l'idiome employé. Ce n'est pas ici le lieu de traiter en son entier la question si vaste, et comme embrouillée à plaisir, des idiomes locaux. Le mot de patois, dont on a accoutumé de se servir, prête lui-même à équivoque. Historiquement, il est vrai de dire que c'est par des causes nullement littéraires qu'un dialecte spécial, celui de l'Ile-de-France, le « francien », a été élevé à la dignité de langue nationale et que, suivant le joli mot de Sainte-Beuve, le patois est donc « une langue qui a eu des malheurs. » Littré a bien vu ce point : « Les patois, dans l'opinion vulgaire, sont en décri et on les tient généralement pour du français qui s'est altéré dans la bouche du peuple des provinces. C'est une erreur. Les patois sont les héritiers des dialectes qui ont occupé l'ancienne France avant la centralisation monarchique commencée au xᵉ siècle. Le français qu'ils nous conservent est aussi authentique que celui qui nous est conservé par la langue littéraire. » On sait suffisamment quelle contribution précieuse ils apportent à l'étymologie française, et justement parce qu'ils sont, en beaucoup de points, restés à une étape antérieure et plus proches des origines, comme plus savoureux. Des philologues, persuadés de leur prochaine disparition et qui l'acceptent comme le terme d'une évolution fatale, n'en sont que plus empressés à noter leurs vestiges. « Il s'en va grand temps de les recueillir », soupire mélancoliquement Génin [1]. Mais on peut accorder que, littérairement parlant, là où un dialecte ne présente pas de différences assez capitales avec le français pour lui offrir une résistance sérieuse, là où il a été tout pénétré et tout infecté par lui, là où il n'a ni grammaire, ni

---

1. V. la *Revue des patois gallo romans* et les beaux travaux de ses fondateurs, MM. l'abbé Rousselot et Jules Gilliéron.

vocabulaire assez étendu pour porter le poids de la pensée moderne, ni chefs-d'œuvre qui l'aient fixé, le poète ou le romancier provincial est en droit de ne lui demander que certains de ses mots exacts, certaines de ses tournures pittoresques dont se rehaussera, s'illustrera et se pimentera le français[1]. On peut l'accorder. Encore faut-il réserver les droits d'une renaissance toujours possible qui remette un patois déchu dans la dignité d'une langue ; et la fin du siècle dernier a vu de beaux essais de défense du picard et du normand. Mais si un idiome local, parlé en France, se distingue assez nettement du français, si, malgré des éclipses trop explicables, il a une histoire littéraire, si, langue jadis, il tend, grâce au progrès des idées régionalistes, grâce à un effort méthodique d'épuration et d'enrichissement, à reconquérir un titre qu'il n'aurait jamais dû perdre, — c'est le cas pour le breton, le basque, le flamand, la langue d'oc — le vrai critérium de la littérature provinciale peut, à bon droit, paraître l'emploi

---

1. On se rappelle la boutade de Montaigne : « Que le gascon y arrive, si le françois n'y peut aller. » George Sand et Lapaire, pour le berrichon, Arène et Daudet pour le provençal (celui-ci ayant toujours soin d'expliquer le mot dialectal par un mot français), Cladel et Pouvillon pour le Quercy, etc., ont usé de ce procédé, souvent avec un rare bonheur. M. Paul Mariéton (*Les Conteurs provençaux*, introduction, Paris, H. Gautier) écrit : « Sait-on bien tout ce que plusieurs de nos grands écrivains français doivent à la connaissance d'un dialecte provincial ? On ne prend point si aisément des mots pittoresques à un idiome abandonné et qu'on ignore... Quelle fontaine de Jouvence n'y aurait-il pas dans ce bilinguisme idéal, pour une littérature aux moules trop usés et qui se meurt de consomption ! Ne vaut-il pas mieux la retremper chez nous-mêmes que chez nos voisins ? Un pays qui a deux littératures a plus de sève que le pays voisin qui n'a que son parler officiel. »

de cet idiome. C'est là où se tiennent les régionalistes
intransigeants et l'on ne doit pas méconnaître ce que
les théories des bardes bretons [1], par exemple, ou des
félibres méridionaux [2] ont de séduisant et de raison-
nable. Je sais bien la plainte discrète que M. G. Boissier laissait échapper, le jour que l'Académie française
couronna l'œuvre de Mistral, à qui il faut toujours
revenir en cette matière : « Malgré tout, notre poésie,
qui voit bien ce qu'elle a perdu à le perdre, ne peut
s'empêcher d'en éprouver quelque dépit et elle est
quelquefois tentée de dire, comme Valentine de Milan
à propos de Dunois, le fils naturel de son mari : « Il
m'a été dérobé. » Mais les régionalistes que je dis
répliquent que cette plainte, pour touchante qu'elle
soit, est rhétorique toute pure : car, à leurs yeux, en
fait d'œuvres d'imagination et d'œuvres poétiques principalement, la langue est l'instrument nécessaire, et
l'on n'est grand poète que dans son idiome maternel. —
Auguste Comte l'écrivait déjà en sa préface de la *Philosophie positive*. Un des hommes qui ont fait le plus
pour la restauration scientifique des parlers d'oc,
M. Camille Chabaneau, dans la leçon d'ouverture
qu'il prononça en prenant, à Montpellier [3], possession
de la chaire des langues romanes qu'il devait occuper

1. V. notamment Ch. Le Goffic : *op. cit.* (N. Quellien et le bar-
disme armoricain ; — le mouvement panceltique).

2. Le Félibrige a suscité toute une littérature critique. V. entre
autres ouvrages : E. Portal : *La letteratura provenzale moderna*,
Palerme, Pedone Lauriel, 1893 ; — Charles-Brun : *L'évolution félibréenne*, Lyon, Paquet. 1896 ; — G. Jourdanne : *Histoire du Félibrige*, Avignon, Roumanille, 1897.

3. Le 7 janvier 1870.

si utilement, corroborait la thèse de remarques ingénieuses : « Cette union de la poésie et de la langue du sol est chose si vraie que, lorsque les classes cultivées de nos provinces eurent désappris l'usage de leur langue maternelle et que le français fut devenu pour elles le seul idiome littéraire, elles parurent avoir perdu la faculté poétique. La littérature française, depuis la Renaissance, doit aux pays de langue d'oc les plus brillants de ses prosateurs : Montaigne, Monluc, Pascal, Fénelon, Montesquieu ; les plus éloquents de ses orateurs : Mirabeau, Vergniaud, Thiers, Guizot ; mais, si vous exceptez Marot, qui n'est, après tout, qu'un facile, spirituel et gracieux rimeur, elle ne lui doit pas un poète de renom. C'est que la prose, expression de la pensée réfléchie et mûrie, est libre de se choisir un instrument ; la poésie, écho direct du sentiment et de la sensation, où tout, idée et forme, se développe ensemble comme une végétation naturelle, est fatalement liée à la langue, dont les racines plongent dans le même sol qu'elle-même. Comme Antée, dès qu'elle ne touche plus la terre, elle perd sa force ; toute sève cesse d'y monter. Aussi, tandis que les provinces où le français est indigène nous donnaient Ronsard, Corneille, Racine, Molière, La Fontaine, et, de nos jours, Victor Hugo, Lamartine, Alfred de Musset et tant d'autres, le Midi restait stérile ; et ce n'est que dans les idiomes locaux qu'il nous a été donné de rencontrer des poètes vraiment dignes de ce nom, comme Goudelin, Cortète de Prades et, dans ce siècle-ci, Foucaud, Jasmin, Aubanel et notre grand et cher Mistral... Jasmin fit un jour des vers français. Qu'on les lise, si on peut les lire ; ils sont plats et ridicules, et rien n'y rappelle, même de loin, l'auteur de *Maltro l'inoucento* et de *Mous soubenis*. Goudelin aussi, ce poète si gracieux, si flexible, si élégant dans sa langue, composa parfois en français ; il fut pédantesque et guindé. Je vous citerai enfin du Bartas : simple, touchant, naturel, vraiment inspiré, lorsqu'il écrit en gascon (cela ne lui est arrivé malheureusement qu'une fois), vous savez ce qu'il fut en français, malgré ses dons supérieurs : lourd, gauche, ridiculement emphatique, pour tout dire un vrai barbare, forçant et faussant à plaisir l'instrument délicat dont il s'était avisé de jouer et qui n'allait pas à ses lèvres. »

Et ce raisonnement n'a rien de particulier à la langue d'oc. Nos régionalistes l'étendent aux autres langues locales. Il y a, pensent-ils, dans la poésie, on ne sait quel élément incommunicable qui est fait de l'imagination propre, de l'harmonie et du rapport entre les mots, leur forme, leur sonorité, et l'idée ou le sentiment qu'on veut traduire. Et ils répètent volontiers le mot de Villemain : « La France est assez riche pour avoir deux littératures. » Mais ils remplacent « deux » par « plusieurs. »

CHAPITRE III

LES GENRES

Ce chapitre sera fort court. Il a son complément
naturel dans les appendices que l'on trouvera plus
loin. Et, d'autre part, si nous croyons assister seulement aux débuts d'une renaissance littéraire, il serait
ambitieux de l'enfermer déjà dans un petit nombre de
genres. L'avenir risquerait de se charger du démenti.
Mais il peut être intéressant de voir en quel sens
s'oriente cette activité nouvelle, — ou ranimée. Rien
ne saurait mieux confirmer nos vues précédentes — et
nos espoirs — sur les ressources que l'art français tirera
de son développement provincial.

Je passe sous silence l'incroyable quantité de monographies dont l'utilité n'est pas contestable, mais qui
n'appartiennent à la littérature que par un côté. On
a étudié beaucoup des choses de province : noms
propres, vieilles rues et vieux monuments, hommes
célèbres, collèges et églises, cités et paroisses. Il y a là
une mine infiniment riche, où romanciers et poètes
sauront puiser à pleines mains. Et telle de ces études,
par la sobriété, parfois même l'élégance de la forme,
pourrait faire assez bonne figure auprès des œuvres
d'imagination. Je les quitte à regret.

Presque toute d'érudition encore, une seconde catégorie d'ouvrages entre vraiment dans la littérature. On entend assez que je songe aux recueils où, complaisamment, minutieusement, de patients bénédictins, architectes eux-mêmes, ou, du moins, manœuvres des belles architectures qu'édifieront les grands esprits, colligent les inappréciables trésors de notre folk-lore national. On a tout dit sur nos chansons[1] et sur nos contes, et que l'intérêt en est double : scientifique d'abord, par les données qu'ils fournissent sur l'évolution des idées et des mœurs et les comparaisons internationales qu'ils permettent, esthétique aussi, et de premier ordre aux deux points de vue. « La légende, le mythe, la fable, » a dit Ch. Baudelaire, « sont comme la concentration de la vie nationale, comme des résumés profonds où dorment le sang et les larmes de peuples. » Voilà bien cinquante ans passés qu'une vaste enquête est instaurée sur tous les points du territoire et poursuivie avec des fortunes diverses ; et personne n'oserait plus soutenir la thèse, chère autrefois aux Allemands, de la stérilité du fonds français. La vérité sera encore plus évidente, quand M. Paul Sébillot aura achevé l'admirable monument qu'il élève à notre folk-lore. Dès maintenant, elle apparait à travers les innombrables publications monographiques, dont il serait trop long de dresser le catalogue, surtout si l'on y voulait porter la liste des revues spéciales[2] ou

1. « Un peuple qui ignore ses chants populaires, ne connaît pas son âme. » (Bourgault-Ducoudray).

2. *Mélusine*, — la *Revue des traditions populaires*, — la *Revue du raditionnisme français et étranger*, etc.

provinciales [1] qui se consacrent à ce travail de pieuse recollection. Les cinq volumes de contes bretons de F. M. Luzel, les *Contes populaires de Gascogne* de J. F. Bladé, la *Légende de la Mort en Basse-Bretagne* d'A. Le Braz, pour ne citer que ces trois ouvrages, ne sont pas seulement des œuvres scientifiques par le soin apporté à leur documentation : ce sont, en même temps, des œuvres littéraires. Si l'heureuse initiative de la *Schola Cantorum* et de M. Charles Bordes, et celle de la société des *Chansons de France* [2], rappelant l'attention sur nos adorables chansons populaires et tâchant de détrôner la stupidité infâme du café-concert, s'appliquent surtout à fournir nos jeunes compositeurs de thèmes musicaux, de nouvelles formes rythmiques et modales dont « la mélodie populaire, capricieuse et libre, fille indomptée de l'instinct, est le réservoir éternel, [3] » elles ne négligent pas le précieux appoint que le texte poétique de ces chansons apporte aux littérateurs. L'union étroite de la parole et de la musique dans les chansons populaires a été mise en lumière par M. Emile Blémont, au cours de son beau livre du *Génie du Peuple* [4]. Il a démontré aussi, comme M. Robert de Souza [5], ce que notre lyrisme trop artifi-

---

1. Notamment, dans ces derniers mois le *Jardin de la France* (Blois) et la *Revue du Nivernais* (Beaumont-la-Ferrière), pour les chansons de leur province.

2. Elle a pour organe la revue : les *Chansons de France* (Paris, A. Rouart).

3. Bourgault-Ducoudray.

4. Paris. Lemerre. 1905.

5. *La Poésie populaire et le lyrisme sentimental*. Paris, au *Mercure de France*, 1899.

ciel gagnerait de fraicheur à se retremper à cette
« fontaine de Jouvence ». Un Gabriel Vicaire, un
Maurice Bouchor, un Jules Laforgue, même un Vielé-
Griffin, un Verhaeren, un Maeterlink ont fait pour la
poésie, ce que M. Tiersot, M. d'Indy, M. Bordes
accomplissent pour la musique. Et sans doute c'est
là, seulement, le début d'une orientation nouvelle
et féconde. Nous ne cesserons de répéter que ce
travail préliminaire est de toute nécessité, et que la
renaissance de la littérature provinciale a pour essen-
tielle condition le contact avec le peuple, aussi bien
avec le peuple du passé qu'avec celui du présent.

Mettons néanmoins que, par son caractère un peu
archaïque et rétrospectif, l'effort considérable des folk-
loristes nous échappe et ne puisse être considéré que
comme une préparation de la matière littéraire. Cette
couleur locale et cette saveur que la connaissance des
mœurs particulières, des coutumes, des traditions, des
proverbes, des chants, peut seule nous donner, nous
les trouvons déjà dans un certain nombre de genres
littéraires, et la réalisation n'a pas attendu la théorie.
Nous avons assez insisté là-dessus et montré que, sans
pleine conscience régionaliste, pour des motifs fort
étrangers, les écrivains ont été attirés vers l'« âme
des provinces ». La poésie, le roman, le théâtre provinciaux ont déjà leurs œuvres, et, parfois, leurs
chefs-d'œuvre. La poésie, d'abord, comme il est d'u-
sage et de raison, en toute renaissance littéraire. Sur
certains points, en Provence, par exemple, les régionalistes ne peuvent guère citer plus de trois ou quatre
romanciers, Valère Bernard, Louis Funel, de Baron-

celli-Javon, en face d'une multitude de poètes. Cette constatation est même, pour eux, une confirmation indirecte de leur thèse. Le temps de la prose, disent-ils, n'est pas encore venu. Nous avons ainsi des poètes épiques, soit qu'ils aient écrit des épopées véritables, ou, tout au moins, d'importants fragments épiques, dont l'ensemble constitue une sorte d'épopée provinciale : c'est Brizeux, c'est Mistral, c'est l'abbé Joseph Roux. Brizeux, Langlade et Mistral ont rénové l'idylle, édulcorée et affadie depuis le grand siècle : *Mirèio* a plus de lecteurs que *Calendau*, et *Marie* que les *Ternaires*, à tort, peut-être, du moins pour *Mirèio*. Mais le public a été vite séduit par cette sincérité rustique, que la veine purement française ne pouvait plus lui donner. Une heureuse rencontre de la nature et de l'art, et des conditions toutes particulières, ont permis à la Provence d'avoir son Théocrite, quand Paris n'y pouvait songer décemment. La douceur du sol natal et les paysages familiers n'ont pas moins rénové la caduque poésie descriptive dans les œuvres d'un François Fabié, d'un Frémine, d'un Ch. de Pomairols, d'un Grandmougin, d'un Theuriet, d'un Vermenouze, d'un Vicaire, d'un Duvauchel ou d'un Albert Mérat. Et toute une poésie lyrique populaire est née, que nous la trouvions seulement dans la chanson (Desrousseaux, Vicaire, Charloun Rieu), ou dans la peinture exacte, apitoyée, exaltée, du labeur manuel et de la plèbe (Victor Gelu, Mousseron, G. Nigond, Lapaire, Emile Verhaeren). Si, vraiment, comme le croit M. Charles Louis-Philippe, la littérature française a été, jusqu'ici, une littérature de classe,

si les bourgeois seuls y sont fidèlement représentés,
même quand le peuple y est mis en scène, et si les
poètes-ouvriers du romantisme, Reboul ou Poncy,
n'ont guère fait œuvre originale, il est permis d'espérer
que la glorification esthétique du travail manuel, tentée
en sculpture par Constantin Meunier, aura sa forme
littéraire. Mousseron est mineur, Laforêt, charretier,
le barde Rolland, facteur des postes ; Rieu, Langlade,
P. Froment sont ou étaient de simples cultivateurs.
Tous, chose digne de remarque, ont écrit en dialecte
local. Leur exactitude est assurée, leur action sur le
peuple incontestable. Nulle poésie, par l'origine, le
sujet, les moyens d'expression, ne saurait être, plus
que celle-là, sainement démocratique.

Nous avons cité plus haut[1] la remarquable étude de
M. R. Bazin, sur la *Province dans le roman*. On y
trouvera des aperçus excellents à côté de quelques
autres, un peu plus contestables ; on ne pourra y
trouver ce que l'auteur ne se proposait aucunement
d'y mettre, un coup d'œil d'ensemble sur le développement prodigieux pris par le « roman de province ».
Nulle part mieux qu'ici, n'avaient toute leur efficacité
les raisons que nous développions tout à l'heure. La
province, si mal connue et si mal comprise, offre au
romancier un champ d'observation singulièrement
large et inexploré. Un cadre d'abord, dont la variété
sert à merveille la virtuosité descriptive : villes calmes
et comme mortes ou noires cités industrielles, horizons
paisibles ou tourmentés, mer de moissons luxuriantes

1. Voir pp. 14 et 20-21.

ou sèches pinèdes. De la couleur locale à surcharger une palette : mœurs de l'amour ou de la mort, fêtes et quotidienne application à l'outil, intrigues sournoises et âpres convoitises, drames atroces et reposantes églogues. Des âmes enfin : car il ne faut ni banaliser la province dans le décor des niaiseries de village, et la dénigrer de parti pris, ni l'idéaliser de ferme propos. Une teinte unie, et comme grise, est celle du premier coup d'œil. Une vue prolongée est tout autre ; et M. Bazin a raison de dire, en manière de conclusion, que « rien n'est si commun que des concitoyens qui s'ignorent réciproquement. » Sans doute, tous les romanciers qui se sont occupés de la province ne sont pas des témoins absolument sûrs ; mais quelques-uns ont pris le bon chemin, et c'est de se cantonner dans l'étude, non de la province, j'y reviens, mais d'une province, la leur. Au risque de monotonie, ils lui sont restés fidèles. George Sand avait ouvert la voie (et Balzac aussi, après tout, que l'on retrouve à tous les tournants de route). Hugues Lapaire l'a continuée pour le Berry ; Eugène Le Roy, pour le Périgord ; Theuriet et Barrès pour le Barrois et la Lorraine ; Erckmann-Chatrian, pour l'Alsace ; Le Goffic et le Braz, pour la Bretagne ; Ferdinand Fabre et Georges Beaume, pour le Bas-Languedoc, celui des Cévennes et de la mer ; Cladel et Pouvillon, pour le Quercy ; Daudet et Arène, pour la Provence ; Maupassant et Jean Revel, pour la Normandie ; Verlhac et Monjauze, Marcelle Tinayre, Nesmy, pour le Limousin ; H. Bordeaux, pour la Savoie ; Bazin, pour l'Anjou ; Duvauchel, pour la

Picardie. Nous venons de citer, incontestablement, quatre ou cinq des plus grands noms du roman français contemporain ; et ce sont des noms de régionalistes.

Reste enfin un dernier genre dont l'importance n'a nul besoin d'être soulignée. En France, c'est au théâtre que se gagnent les grandes batailles. Le romantisme eut son *Hernani ;* le socialisme, qui le cherche, ne l'a pas encore. Il serait hasardeux d'avancer que le provincialisme l'a déjà. Du moins, a-t-il attiré l'attention sur la question du théâtre populaire en province[1]. Le théâtre populaire a quelque ressemblance avec les esprits et le véritable amour, auxquels La Rochefoucauld croyait peu : tout le monde en parle, et personne ne l'a vu. Ou plutôt, on a voulu le voir, assez souvent, où il n'était pas : dans des tournées, comme si des pièces parisiennes et des acteurs parisiens, en se transportant au delà des fortifications, abandonnaient leur « parisine » ; — dans des représentations à prix réduits, ou même dans des premières organisées par des théâtres de chefs-lieux importants, comme si la décentralisation était le régionalisme ; — dans des spectacles de plein air, comme si le décor de ruines antiques ou de beautés naturelles suffisait à localiser une œuvre. M. Armand Praviel, qui a des lettres et connaît le sujet, écrivait fort bien là-dessus, tout récemment[2] : « Qu'y a-t-il de phocéen, par exemple,

---

1. V. la campagne menée en faveur des spectacles populaires par la *Revue d'art dramatique et musical,* et, sur le point particulier du théâtre populaire en province, l'enquête ouverte par la revue le *Censeur,* (nov.-déc. 1906.)

2. L'*Express du Midi,* 8 janv. 1907.

à ce que des acteurs de l'Odéon jouent *Les Erinnyes*
sur les marches du Palais de Justice de Marseille ? Que
signifient *Les Phéniciennes* de M. Rivollet à la plaza
de Bayonne ou la *Sémiramis* de Péladan aux arènes de
Nimes ? Il ne faut pas se leurrer. Ce sont des « tournées » d'été, et pas autre chose. » Et, au cours de la belle
campagne régionaliste qu'il a menée dans le *Figaro*,
M. L. Xavier de Ricard définissait avec exactitude ce
qui doit constituer, exclusivement, un théâtre à la fois
populaire et régional : choix des sujets empruntés soit
à l'histoire de la région, soit à la description de ses
mœurs et à la critique de ses travers dominants[1],
auteurs et, s'il se peut, acteurs locaux, enfin, partout
où le dialecte est vivant, emploi de ce dialecte, au
moins d'une façon partielle. Qui ne voit ce qu'une
pareille conception de l'art dramatique présente d'avantages à la fois esthétiques et sociaux et ce que, par
exemple, la mise à la scène des épisodes glorieux ou
tristes de l'histoire locale fournirait de fécondes
leçons ?

---

1. M. Pottecher : *Le Théâtre du peuple*, p. xx : « Fouillons au
trésor oublié des mœurs, des traditions, des légendes et de l'histoire
pour en illustrer le coin de terre dont nous voulons réchauffer et
éclairer l'amour, pour en enrichir la grande patrie... » *Ib.*, p. 27 :
« C'est par l'étude des types locaux, des mœurs régionales, par cette
fraîcheur que donne à toute œuvre le contact direct avec la terre
natal, qu'il (le théâtre) peut prétendre un jour s'imposer à l'attention des critiques chargés d'écrire l'histoire de l'art, après avoir
diverti, touché et peut-être instruit le public auquel il était dédié. »
Michelet avait dit : « Tous ensemble, mettez-vous simplement à mar-
cher devant le peuple. Donnez-lui l'enseignement souverain, qui
fut toute l'éducation des glorieuses cités antiques : un théâtre vraiment du peuple. Et, sur ce théâtre, montrez-lui sa propre légende,
ses actes, ce qu'il a fait. Nourrissez le peuple du peuple... »

Là encore, la théorie a trouvé de bonnes applications, déjà. Le théâtre alsacien (on nous pardonnera de citer d'abord la région française demeurée la plus française de toutes), existe sur ces bases. Il « a sa langue propre... son public, son public fervent, joyeux et enthousiaste... il a ses auteurs (Stoskopf, J. Greber, etc.)... enfin il a ses comédiens. On ne peut se figurer un acteur, surtout un acteur comique, jouant un rôle dans une langue qui ne serait point sa langue maternelle. Quel conservatoire aurait donc pu fournir d'interprètes ces pièces écrites en dialecte? La troupe est donc composée d'ouvriers, d'employés, de petits bourgeois qui ont pu conserver leur métier ou leur état, car les représentations ne sont pas quotidiennes [1]. » Sur les mêmes principes est fondé le *Théâtre du Peuple* dont la volonté ardente et tenace de Maurice Pottecher a doté Bussang, dans les Vosges. On en connaît le succès sans cesse renouvelé. C'est un véritable cri de triomphe qui ouvre le livre où M. Pottecher a, tout ensemble, développé ses idées et raconté sa tentative [2].

« Le vœu de Michelet s'est réalisé.

« Aujourd'hui le théâtre populaire est ressuscité en France.

« Quelqu'un, un obscur jardinier, a semé, arrosé et soigné de ses mains, dont la ferveur corrigeait la

---

1. A. Hallays : Le *Journal des Débats*, 27 novembre 1903, rendant compte du livre de M. Schœn. V. sur le théâtre alsacien, la brochure de M. E. Straus : *Le théâtre alsacien*. Paris, Bibl. de *La Critique*, 1901.

2. M. Pottecher : *Le Théâtre du peuple*. Paris. Ollendorff, 1899. La première représentation de Bussang est du 1er sept. 1895.

maladresse, une graine dédaignée depuis bien long-temps ; elle dormait au fond d'un tombeau.

« Elle dormait ; elle n'était point morte. Quoique le sol montagneux auquel on la confia fût âpre et reculé du monde, elle y germa à merveille, donna en quatre ans une plante robuste, et jetant çà et là d'autres graines aux vents, allongeant dans la terre ses racines, dressa d'un bout à l'autre de ce pays de vivaces reje-tons. Des Vosges, de l'Est, d'où cette invasion pacifique et fleurie s'est élancée, elle a gagné le Jura, atteint la Bretagne, descendu la Vendée, et la voilà déjà aux plaines ensoleillées du Midi, où demain, sans doute, son triomphe définitif s'épanouira. »

Et les faits justifient assez bien cet enthousiasme. Si en Limousin, en Périgord, en Languedoc, les repré-sentations populaires, telles que nous les entendons, ont encore une périodicité trop espacée, si l'entreprise de la Mothe-Saint-Héray et celle, plus récente, de Courçay-sur-Indre, intéressantes toutes deux, sont peut-être un peu personnelles, du moins, en Bretagne, où le théâtre n'avait cessé d'avoir « une vie pâle et intermittente [1], » un succès prodigieux a suivi l'initia-tive de MM. Cloarec, Le Braz et Le Goffic. Depuis la journée fameuse où la *Vie de saint Gwénolé* fut jouée à Ploujean (14 août 1898), plus de trente troupes d'artisans et de laboureurs se sont constituées et ont établi leur répertoire [2]. Le bruit en est venu jusqu'aux

1. Ch. Le Goffic.

2. Voir Ch. Le Goffic : *L'Ame bretonne.* (Le théâtre du peuple en Bretagne.)

rapporteurs du budget des Beaux-Arts et jusqu'à la tribune du Parlement. Il est permis de bien augurer d'une telle renaissance. « C'est l'espoir d'une nouvelle vie où se rajeunirait, en se retrempant à ses sources mêmes, le génie français[1]. »

1. M. Pottecher.

CHAPITRE IV

LES LITTÉRATURES PROVINCIALES
ET LE RÉGIONALISME

Il est temps de conclure. Le développement et la faveur des littératures provinciales sont deux faits indéniables : heureux, nous semble-t-il, et, du reste, fatalement amenés par des causes multiples. Peut-être est-il plus malaisé de préjuger l'avenir d'un tel mouvement, qui a ses enthousiastes prophètes. On n'en mesurerait pas, du moins, l'étendue et la portée, si l'on ne déterminait la place qu'il occupe dans un mouvement plus général, dans le réveil des provinces françaises. Ne point l'essayer serait commettre une injustice vis-à-vis de ceux des littérateurs de terroir qui, sans regret pieux ou sans dilettantisme un peu vain, ont cru faire œuvre sociale et morale autant que purement esthétique. Surtout, ce serait méconnaître l'importance du « problème régionaliste ». Economistes et politiques ne s'y trompent point. Entre le système de l'étatisme et de la centralisation, d'une part, celui du régionalisme de l'autre, il faut opter enfin : vieille querelle dont les phases ont fait toute notre histoire nationale, et qui semble, aujourd'hui, parvenue à son maximum d'acuité. Si, vraiment, il est indispensable, pour le bien de la France, que les tendances régionalistes l'emportent, et si l'Etat, pour son plus grand profit, doit « se restreindre à ses fonctions naturelles, c'est-à-dire à ceci seulement pour quoi il a été institué[1], » quelle part doivent avoir les littératures provinciales (et, plus exactement, tout l'art régional), dans cette reconquête des libertés nécessaires et dans cette défense du corps opprimé par une tête monstrueuse ?

Certains ne paraissent même pas s'être posé la question. Ils sont partisans de la vie intellectuelle de nos provinces qui « doit être ranimée par tous les moyens possibles», suivant le mot de M. Faguet que nous rapportions à la fin d'un chapitre précédent. C'est tout. Au surplus, très sensibles au charme et au pittoresque, ils goûtent les poésies et les romans du cru, ils encouragent volontiers, un peu à l'aveuglette, les spectacles de plein air ; ils font, en toute occurrence, montre d'une sympathie bienveillante, parfois amusée, souvent active, vis-à-vis du mouvement. N'exigez pas d'eux davantage. Ou bien, ils ne veulent même pas considérer que la littérature de province fait partie de tout un ensemble ; ou bien, mieux informés et au courant des méthodes nouvelles qui ne séparent plus l'œuvre d'art de son milieu, ils se refusent à accepter les conséquences de prémisses qui leur semblent gracieuses. La susceptibilité patriotique la plus chatouilleuse et la plus mal justifiée leur souffle de piteux arguments contre tout ce qui porterait, croient-ils ou

1. E. Faguet : *Le Libéralisme*, Paris. Soc. fr. d'impr. et de libr., 1903, p. 25.

veulent-ils croire, atteinte à l'unité nationale, si péniblement conquise. Le spectre du fédéralisme girondin hante encore leurs nuits. Et ils manifestent pour l'autonomie communale une répugnance et une crainte qu'il est permis d'estimer exagérées. J'ajoute que ce sont, à l'ordinaire, des décentralisateurs plus que de véritables régionalistes.

Cependant, outre qu'on leur répond avec assez de logique que notre pays, très divers, est irrémédiablement « un », que, loin d'ébranler le sentiment patriotique, le régionalisme le fonde et le consolide, et que l'esprit local, dont ils se défient, est une condition de prospérité pour une nation, on voit, aisément, que rien, dans l'histoire, n'autorise à envisager un développement artistique en dehors d'un régime économique et politique particulier. Ce que nous savons à merveille pour les républiques grecques ou italiennes, pour les villes commerçantes de Flandre, pour notre xviie siècle, ne peut que nous conduire à des conclusions analogues pour les régions françaises. Si l'on ne brise point les entraves de la centralisation, si l'on ne rend point aux provinces françaises leur indépendance économique et leurs traditionnelles libertés, n'hésitons pas : les littérateurs provinciaux ne sont, en effet, que ces « voceratori » corses qui vont chanter la « ballata » autour d'un lit de mort. Nous assistons à des sursauts, et non à une réelle renaissance. Pareille vue se confirme, si l'on songe que les provinces qui manifestent encore la plus grande activité intellectuelle sont celles, précisément, qui sont venues le plus tard à la centralisation et que « Mistral et Roumanille sont

nés moins de cinquante ans après la disparition de l'autonomie provençale[1]. » Il est clair que, si l'on se pique de
logique, il convient de mener les deux tâches de front.

Il ne reste plus qu'une question de tactique à dé-
battre. Entre les régionalistes, les uns accordent une
éminente dignité et une vertu singulière à l'art et à la
poésie. Se souvenant des beaux exemples fournis par
l'étranger et que nous rappelions tout à l'heure, ils
trouvent dans la littérature provinciale, et surtout
quand elle emploie un idiome particulier, (ce point est
capital), le moyen le plus sûr de rendre à la province
la conscience de son originalité. C'est tout le sens de
l'œuvre et, peut-on dire, de la vie de Frédéric Mistral.
En 1861, il écrivait déjà[2] :

> « Car, de mourre bourdoun qu'un pople toumbe esclau,
>   Se tèn sa lengo, tèn la clau
>   Que di cadeno lou deliéuro.

« Car, face contre terre, qu'un peuple tombe esclave,
— s'il tient sa langue, il tient la clef — qui le délivre
des chaînes. »

Et, parvenu au soir lumineux de son existence, il
rappelait naguère[3], avec une légitime fierté, les réso-
lutions qu'il prit à vingt et un ans sur le seuil de son
« mas » paternel, les yeux tournés vers les Alpilles :
« premièrement, de relever, de ressusciter en Provence
le sentiment ethnique, que je voyais s'effacer sous

1. Ch. Maurras : *op. cit.*, p. 36.
2. *Lis Isclo d'or*. I troubaire catalan.
3. *Mes Origines*.

l'éducation contre nature et fausse de toutes les écoles ; secondement, de provoquer cette renaissance par la langue naturelle et historique du pays à laquelle les écoles font une guerre à mort ; troisièmement, de rendre la vogue au provençal par le souffle et la flamme de la poésie divine [1]. » Rien de plus net : et il est superflu de défendre Mistral contre le reproche de n'être qu'un pur artiste. Il a saisi, du premier coup, la grandeur du propos régionaliste ; mais, de sa place, il n'en a vu la réalisation que dans le maintien, l'épuration et l'illustration de la langue. Conception admirablement systématique et forte, et qui a donné d'assez beaux résultats [2].

Il ne saurait être question de nier, ou même d'amoindrir, la puissance « excitatrice » du verbe et le rôle de la littérature dans le mouvement provincialiste [3]. Cependant, on peut faire remarquer que toutes les régions françaises ne présentent pas, au point de vue linguistique, d'aussi heureuses facilités, et que, parmi les régionalistes, comme parmi le reste des humains, le génie poétique constitue la plus glorieuse des excep-

1. On sait, par le Musée d'Arles, et les Fêtes parthéniennes, qu'il a joint à la poésie du vers celle de l'objet d'art, de l'objet usuel et du costume.

2. « Avec cette intransigeance, tout de même, il s'est accompli quelque chose et cela dure », m'écrivait-il à l'occasion du XXIII⁰ congrès de la Société d'Économie Sociale (1904).

3. G. Jourdanne : *op. cit.*, p. 9. « Vous assistez à une réunion de poètes, cela ne fait nul doute ; leurs œuvres sont là pour en témoigner, et si vous les lisez, vous en trouverez qui sont vraiment hors de pair. Mais, par la force même des choses, ces poètes sont peut-être en train de faire naître une légion de futurs constituants. » — V. aussi M. P. de Coubertin : le *Figaro*, 2 janv. 1907.

tions. Ne doit-on pas admettre une multiplicité de moyens, condition même de la vie ? N'est-ce pas la loi d'action et de réaction qui régit les rapports de l'art et de la société? Et si l'on s'applique à la décentralisation administrative, sans négliger l'appui que sa cause trouvera dans la beauté et dans le sentiment, n'apparaît-il pas que le sentiment et la beauté tireront les plus grands avantages de cette vitalité reconquise ?

M. Charles Maurras a exposé cette thèse de la façon la plus pressante [1]. Il reprend la concession de M. Faguet et poursuit : « La vie intellectuelle provinciale doit être ranimée par tous les moyens possibles. » Hé ! quels moyens ? Il n'y en a que d'une sorte : obliger tous les citoyens à s'occuper des finances et du reste de la politique locale, cesser de les en décharger sur un fonctionnaire. De ces humbles travaux ils passeront, s'ils en sont capables ou quand ils en auront senti le désir, à des soins intellectuels... La décentralisation intellectuelle, on ne saurait trop le dire, n'est pas un commencement, mais un aboutissement ; c'est une fin, non une cause, une fleur, non une racine. Elle naît, on ne la décrète pas dans un bureau de ministère. Mais on peut, à la vérité, en obtenir quelques semblants...» Et, presque en les mêmes termes, M. Maurice Barrès [2] prononce un jugement semblable : « Notre organisation politique nous condamne aujourd'hui à *nous entasser dans Paris* ou à nous *isoler dans l'impuissance départementale*. Et voilà pourquoi la décen-

---

1. *Op. cit.*, p. 367.

2. *Scènes et doctrines du nationalisme.* Paris. Juven. s. d., p. 507.

tralisation politique doit tout naturellement précéder la décentralisation intellectuelle qui ne peut être qu'une conséquence. »

Nous efforcerons-nous de concilier ces deux points de vue, moins divergents qu'ils ne le paraissent? Choisirons-nous entre deux tactiques que le succès peut justifier toutes deux ? Nous n'aurions garde. Ce ne serait point la première fois que les poètes, les artistes, auraient été les grands réveilleurs et les grands prophètes. L'assuré est que la question des littératures provinciales passe, de très loin, en sérieux et en portée, l'amusette de lettrés curieux et de collectionneurs que l'on a voulu y voir. Dès l'apparition des premiers poèmes des félibres, Saint-René Taillandier percevait nettement leur importance sociale. Il faut dire, de cette éclosion d'œuvres provinciales, ce que le regretté maître Gaston Paris [1] disait de nos trésors populaires : « Qu'on les considère avec piété, comme les souvenirs d'un passé à jamais mort, ou qu'on les regarde avec espoir, comme les gages d'un avenir souhaité, il faut toujours les sauver de la destruction et de l'oubli... Plus d'une fois, vous serez émus et ravis d'entendre, dans ce qui vous semblait d'abord un gazouillement enfantin ou même un balbutiement informe, d'entendre vibrer l'âme même, la vieille et toujours jeune âme de notre chère France. »

1. Discours prononcé à la première assemblée de la *Société d'Ethnographie nationale et d'art populaire*, le 24 mars 1895.

APPENDICE I

ESQUISSE

D'UNE

GÉOGRAPHIE LITTÉRAIRE DE LA FRANCE[1]

Paul Arène souhaitait qu'il existât une géographie littéraire de la France, c'est-à-dire qu'on pût trouver sur
chaque province un ou plusieurs romans donnant la physio-
nomie et les mœurs du pays. Le souhait était excellent.
mais provenait d'une insuffisance d'information. En effet,
du temps même de Paul Arène, qui est mort il n'y a pas
si longtemps, la géographie littéraire de la France existait
déjà assez complète.

Elle s'augmente tous les jours. A cette heure, il n'est
guère de province, et j'entends non pas seulement les
grandes provinces et celles caractéristiquement connues.
mais les subdivisions provinciales, les coins de pays, qui
n'ait été l'objet d'une description dans un roman ou
un volume de nouvelles. Encore, je laisse en dehors les
ouvrages qui, sans être des guides proprement dits, sont

---

1. Nous devons cette *Esquisse d'une Géographie Littéraire de la
France* à M. de Beaurepaire-Froment, directeur de la *Revue du Traditionnisme Français et Etranger* (60, quai des Orfèvres, Paris).
M. de Beaurepaire-Froment est à la fois un savant traditionniste et
un des ardents défenseurs du régionalisme. Membre-fondateur de la
Fédération Régionaliste Française et de la *Renaissance Provinciale*,
il fait partie du Comité de ces deux importantes Sociétés.

des récits d'excursion à travers un pays ou le tableau physique et moral d'une région, d'une province, volumes souvent écrits littérairement (par exemple, *Les Routes d'Arles*, d'André Godard).

Ce sera ici, non seulement une simple énumération, mais une esquisse de nomenclature. Je pourrais moi-même fournir trois fois plus de citations que je n'en donne. Je ne rappellerai *que le nom* des auteurs, lorsque leur œuvre provinciste sera bien connue [1].

AGÉNOIS. — Boyer d'Agen : *Le Pays natal*. — Marcel Prévost : *Mademoiselle Jaufre*. — Evariste Carrance : *Les Mystères d'Agen*. — Jeanne de Coulomb : *Muguette*.

ALBIGEOIS. — Alphonse Dequet : *La Loubatière*. — Édouard de Perrodil : *La Cascari*. — Émile Pouvillon : *Chante-Pleure*.

ALSACE. — Erckmann-Chatrian. — Maurice Barrès. — René Bazin : *Les Oberlé*.

ANGOUMOIS. — Balzac : *Illusions perdues*. — Louis Roguelin : *Jacques Moreau*.

ANJOU. — Balzac : *Eugénie Grandet*. — George Sand : *Les Dames vertes*. — Mathilde Alanic : *Le Maître du Moulin-Blanc. Norbert Dys. Le Devoir du Fils*. — André Godard : *Les Huttiers*. — Paul Gelineau : *Déclassée. Les Angevines*. — Louis Narquet : *La Cangue*. — Pierre Billaud : *Grichemidi*.

ARTOIS. — Albert Lantoine : *Les Mascouillat*. — Émile Mourel : *Multitude, solitude*. — Paul Adam : *En Décor*. — Pierre Lamarche : *Cousins et cousines*. — Louis Lhom-

---

1. De valeur littéraire et de valeur morale fort inégales, les ouvrages cités sont loin d'avoir aussi la même portée « régionaliste ». La mention faite d'un livre ne comporte d'ailleurs aucunement un éloge ni une recommandation. (C.-B.)

meau : *Le Docteur Landier*. — Henry Lancial : *Parti rouge et parti noir*.

AUNIS. — Pierre Loti : *Le Roman d'un Enfant*.

AUVERGNE. — Louis Ulbach : *Cyrille. Maxime*. — George Sand : *Jean de la Roche*. — Guy de Maupassant : *Mont-Oriol*. — Jean Ajalbert : *En Auvergne. Veillées d'Auvergne*. — Alfred du Pradeix : *La Forêt d'Argent*. — Camille Gramaccini : *Charme trompeur.*—Louis de Châtillon : *Picardette*. — Louis Richard : *Bataille d'Amours*. — Vicomte de Miramon-Fargues : *Terre maternelle.*— Armand Delmas : *Les Menettes de Roumégoux.*—Marie Aigueperse : *Le Mal du Pays*. — C. des Cordeliers : *Scènes et légendes auvergnates.*

BEAUCE. — Mirepoix : *En Beauce*. — Zola : *La Terre*. — J. K. Huysmans : *La Cathédrale*.

BERRY. — Balzac : *Un Ménage de garçons. La Muse du Département*. — George Sand. — Charles Proudhon : *Claudine*. — Raymond Bouchard : *Le Fruit Défendu*. — Hugues Lapaire : *Le Courandier. Le Fardeau*. — Jacques des Gachons : *La Maison des dames Renoir*. — Harry Alis : *Petite Ville*. — Vincent Détharé : *Terre nouvelle*. — Louis Boulé : *Maman Claudie. Tourterelle*. — Joseph Ageorges : *Pierre Pilotat. Les contes de mon oncle Paterne*.

BISCAYE. — Jeanne de Coulomb : *Ferme comme Roc*. — Pierre Harispe : *Aïnhoa*. — Pierre Loti : *Ramuntcho*. — André Geiger : *La Printane*. — Renée Strauss : *Au pays basque*. — Arthur Chassériau : *Du côté de chez nous*.

BOURBONNAIS. — George Sand : *La Famille Germandré*. — Oscar Méténier : *Marcelle*. — Gilbert Stenger : *En pays bourbonnais*. — Émile Guillaumin : *Tableaux champêtres. La Vie d'un Simple*.

BOURGOGNE. — Balzac : *Les Paysans*. — G. Chanteclair :

L'Éternel Jocrisse. — Henri Demesse : *Les Vices de M. Benoit.*

BRESSE. — F. Renard : *Une Idylle bressane. Chemin-Bressans.*

BRETAGNE. — Balzac : *Les Chouans. Béatrix. Un Drame au bord de la mer.* — Émile Souvestre : *Mémoires d'un sans-culotte bas-breton. Scènes de la chouannerie.* — Hippolyte Violeau : *Les Veillées du foyer.* — Paul Féval. — Zénaïde Fleuriot. — Pierre Loti : *Mon frère Yves. Pêcheur d'Islande.* — Pierre Maël. — Vicomte de Colleville : *Jobard.* — V. Debay : *Cousine Sidonie.* — Jean Richepin : *La Glu.* — René Bazin : *Madame Corentine.* — Anatole Le Braz : *Au Pays des Pardons. Pâques d'Islande. Le Gardien du Feu. La Terre du passé.* — Charles Le Goffic : *Le Crucifié de Kéraliès. Morgane. L'Erreur de Florence. Les Bonnets Rouges.* — De Pompéry : *Yvonne.* — Raoul de Navery : *Le Moulin des Trépassés.* — A. Robida : *Le Mystère de la rue de Carême-Prenant.* — G. Aragon : *Jacques Kerdraint.* — C. Fuster : *Par le Bonheur.* — Claude Lemaitre : *Ma Sœur Zabette. L'Aubaine.* — J. Plémeur : *Au Jour le Jour. La Barque.* — Pierre de Lano : *Terr'Neuva.* — Charles Géniaux : *La Cité de Mort.* — Léon Berthaut : *Fantôme de Terre-Neuve.* — Henry Céard : *Terrains à vendre au bord de la mer.* — Paul Adam : *Le Serpent noir.* — Simon Davaugour : *Nouvelles.* — E. d'Aubram : *La ferme du Plouaret.*

BUGEY. — Paul Bourde : *La Fin du vieux temps.*

CAORSIN[1]. — Léon Cladel. — Émile Pouvillon. — Louis Goudall : *Le Martyr des Chaumelles. L'Hermine de village.* — Mme J. Michelet : *Mémoires d'une enfant.* — Camille Delthil : *Lucile Chabanau. Les Deux Ruffin.* — Albert

---

1. Forme historique et exacte du mot QUERCY.

Delpit : *Le Fils de Coralie*. — Marcel Sémézies : *Sous le Dolman*. — Francis Maratuech : *Rocailles. L'Échéance.* — Gustave Guiches : *Céleste Prudhomat. L'Ennemi. Un Cœur discret. Philippe Destal. Au Fil de la vie.* — Eugène Delard : *Le Joug. Le Sillon. Les Dupourquet. Bélicerte.* — Jean Barancy : *La Folle de Virmont. Implacable.* — Georges Beaume : *Fine.* — De Beaurepaire-Froment : *Le 71° Trainglaux.* — André Avèze : *La Rosière du Mont-Quercy*.

CATALOGNE. — Georges Beaume : *Les Quissera. Pauline. La Petite Princesse.* — Armand Cascatel : *L'Anton.* — François Sauvy : *Les Murmures de la Forêt.* — Émile Pouvillon : *Jep.* — Jean de la Hire.

CHAMPAGNE. — Balzac : *Le Député d'Arcis.* — Achille Magnier : *L'Honneur des Aubert.* — Louis Bourgant : *Nouvelles champenoises.* — Xavier Eyma : *Les Amoureux de la demoiselle.* — Paul Mathiex : *Résultats d'un huis-clos. Les Filles du Feu.* — Auguste Lepage : *La Sirène de l'Argonne.* — Maurice des Ombiaux : *Mihien d'Avène.* — Paul Fraycourt : *De la Charrue à la Pourpre.*

CORSE. — Mérimée : *Colomba.* — Alphonse Daudet : *Rose et Ninette.*

DAUPHINÉ. — Balzac : *Le Médecin de campagne.* — Léon Barracand : *Les Romans dauphinois. Epée brisée.* — Louise Devret : *La Perle de Trièves. Nouvelles et Légendes dauphinoises.* — Comte de Marenches : *Hermine.* — Louis Jacolliot : *Le Crime du moulin d'Ussor.* — Paul Bertnay : *La Buissonnière.*

FLANDRE. — Alphonse Capon : *Le Garçon de banque. Papa-Vienne. Marie-Claire.* — Alfred Champion : *Le Gêneur.* — Camille Vergniol : *Doménica.* — Frédéric de France : *Mademoiselle de Saix.* — P.-M. Gahisto : *Pages rustiques. L'Or du silence.*

FOREZ. — Eugène Muller : *La Mionette. Contes rustiques. Le Champ Maudit.* — Aimé Vingtrinier : *Deux nouvelles Foréziennes.* — Paul de Champeville : *Charles d'Arin.* — Fournier : *Les Mineurs du Gier.* — Lucien Aubert : *Ève ou Dieu.*

FRANCHE-COMTÉ. — Balzac : *Albert Savarus.* — Max Buchon : *Le Val d'Héry. Matachin.* — Victor Poupin : *Les Labourdière.* — Antoine Baumann : *Le Tribunal de Vuillermoz.* — T. Combes : *Chez nous.* — Georges Riat : *L'Ame du Pays. Le Village endormi.* — Alphonse de Launay : *Suzanne Dumonceau.* — Mme B. de Buxy : *Les nouvelles Dames de la Haute-Neigeraie.* — Édouard Droz : *Au Petit-Battant.* — Francis Wey : *Le Bouquet de Cerises.*

GASCOGNE. — Balzac : *Le Contrat de mariage.* — Honoré Sclafer : *Le Paysan riche.* — Fernand Lafargue : *Ruth. La Palombière. Rachel et Léa. Betsabé.* — André Ducom : *Nouvelles gasconnes.* — Eugène Ducom : *Les Trenqualies.* — J.-Fr. Samazeuilh : *Les Pyrénéennes.* — Edmond About : *Maître Pierre.* — Jean Rameau : *Moune. Le Roman de Marie.* — Serge Barraux : *Face à la Vie.* — Xavier de Cardailhac : *Propos gascons.* — Emmanuel Delbousquet : *Le Mazareilh. Margot. L'Ecarteur.* — Charles de Bordeu : *Jean Pec.* — Raymond de Laborde : *Le Marquis de Gojac.* — Boyer d'Agen : *Terre de Lourdes.* — Charles Recolin : *Le Chemin du Roi.* — Étienne Richet : *Ayesha.* — Jean-Bernard : *Françounil.* — Marcel Prévost : *l'Accordeur aveugle.* — Maria Thiéry : *Monsieur Marcel.* — Jean Roanne : *Mademoiselle de Calian.* — Hector Malot : *La Belle Madame Donis.* — Camille Vergniol : *Puymirol.* — H. Carrère : *Ma Chère Denise.* — Jean de Ferrières : *Les Messieurs de Séryac.* — Marie-Louise Néron : *La Grisette de Saint-Cyprien.* — René Maizeroy : *Le Boulet.* — Jean Vignaud : *La Terre ensorcelée.*

Gévaudan. — Armand de Pontmartin :,*Les Corbeaux du Gévaudan*.

Ile-de-France. — Balzac : *Ursule Mirouet. Un Début dans la vie. Pierrette. Le Bal de Sceaux.* — Henry Murger : *Le Sabot rouge.* — Léon Duvauchel : *La Moussière.* — Alphonse Daudet : *La Petite Paroisse.* — E. et J. de Goncourt : *Manette Salomon.* — J.-K. Huysmans : *En rade.* — Dodillon : *Le Forgeron de Montglars.* — Jacques Lozère : *Mariages aux champs.* — Jean Dalbret : *Lettres de mon village.* — François Deschamps : *Jacques Germain. Au Plat d'Etain.* — Alfred de Hartenberg : *L'Attente.* — Paul Saunière : *Maigrichonne.* — Marcelle Tinayre : *La Maison du Péché.* — Charles Beaumont : *Vert-de-Gris.* — M. C. Poinsot : *L'Homme au chien.*

Languedoc. — Antonin Mulé : *La Mission de Jean Fourcat.* — Émile Pouvillon : *Le Vœu d'être chaste.* — Henri Vié : *La Muscadine.* — Ferdinand Fabre — Roux-Ferrand : *Deux Éducations.* — Mme Charles Reybaud : *L'Oncle César.* — Mme Louis Figuier : *Mos de Lavène.* — Belz de Villas : *Montferrat.* — Georges Beaume : *Lirette. Le Péché. Aux Jardins. Au Pays des Cigales. Les Vendanges. Sainte-Nitouche. Le Pré de l'Amour. Corbeille d'Or. La Bourrasque.* — Vigné d'Octon : *Les Amours de Nine. Le Docteur Combalas. Joseph Forestier.* — L.-X. de Ricard : *Idylle d'une Révoltée.* — Batisto Bonnet : *Vido d'Enfant.* — M. Barrès : *Le Jardin de Bérénice. Li Memòri d'un gnarre.* — Jean Lombard : *Loïs Majourès.* — Jean de la Hire : *Le Régiment d'Irma.* — Louis de Joantho : *L'Ambitieux Castagnas.* — André de Mourvilles : *Laure de Pers.* — René Bazin : *L'Isolée.* — Jean Bertheroy : *Les Dieux familiers.* — Ernest Gaubert : *Vendanges d'Amour. Sylvia.* — Armand Praviel : *Péché d'Aveugle.* — F. Rivet : *La Servitude.* — Thérond : *Contes lengadoucians.*

LIMOUSIN. — Balzac : *Le Curé de village.* — Dubut de Laforest : *Belle-Maman.* — Verlhac et Monjauze : *Nouvelles limousines. Tante Minou. Les Héritages.* — Lafond de Saint-Maur : *La terre natale.* — Remy Saint-Maurice : *L'Éternelle Folie.* — Hemma-Prosbert : *Toinon et Marguy. Scènes et croquis limousins. Almondis. Limoges.* — Édouard Michaud : *En Limousin.* — Marcel Mielvaque : *La Vertu du Sol.* — Paul Lagrange : *L'Indécis.* — Marcelle Tinayre. — Maurice le Beaumont : *Gringalette.* — Maurice Huet : *Sabres de bois, Fusils de paille.* — Jean Nesmy : *L'Ivraie. Les Égarés.* — Jacques Labour : *Plus haut.*

LORRAINE. — Maurice Barrès. — André Theuriet. — Amédée Aufauvre : *Le Fil de la Vierge.* — Albert Cim : *Jeunes Amours. Jeunesse. La Rue des Trois-Belles. Le Petit Léveillé. Un coin de province. Les Quatre fils Hémon.* — Paul Rouget : *Au temps d'amour.* — Émile Renaut : *Rose André.* — Gabrielle Réval : *La Cruche cassée.* — Émile Moselly : *Jean des Brebis.* — H. Scheffler : *Les Chardons.* — Max Reboul : *Le beau Pierril.* — René Perrout : *Histoires lorraines. Autour de mon clocher. Goëry Coquart, bourgeois d'Épinal.*

LYONNAIS. — H. Escoffier : *Le Mercier de Lyon.* — Joséphin Péladan : *Istar.* — J. Esquirol : *Petits et gros Bourgeois.* — Emmanuel et Joseph Vingtrinier.

MAINE. — Charles Mérouvel : *Diane de Briolles.*

MARCHE. — Jules Sandeau : *Catherine.*

MORVAN. — Adolphe Racot : *La Brèche-aux-Loups.* — Henri Bachelin : *Pas-comme-les-autres.*

NIVERNAIS. — Claude Tillier : *Mon oncle Benjamin.*

NORMANDIE. — Balzac : *Modeste Mignon. La Vieille fille.* — Gustave Flaubert. — Frédéric Soulié : *Les Prétendus.* — Guy de Maupassant. — Aurélien Scholl : *Histoire d'un*

premier amour. — Gaston d'Hailly : *Fleur de Pommier.*
— Aristide Frémine : *Une Demoiselle de compagnie.* —
Henry de Koch : *Ninie Guignon.* — Charles Frémine : *La
Chanson du pays. Le Roi des Ecrehous.* — Mme Schalk de
la Faverie : *Autour de mon village.* — Léo Trézenik : *Le
Magot de l'oncle Cyrille. Cocquebins.* — Léo Trézenik et
Willy : *Histoires normandes.* — Charles Canivet : *Jean
Dagoury. Les Hautemanière. La Ferme des Gohel. Lise
Heurtevent. Constance Giraudel.* — Albert Boissière : *Une
Garce. Les Magloire. La Tragique aventure du Mime Pro-
perce.* — Henri Beauclair : *La Ferme à Goron.* — Jacques
La Ronce : *Les Trubeuf.* — Jean Revel : *Rustres. Contes
normands. Les Hôtes de l'Estuaire. Terriens.* — Jean Lor-
rain : *Les Lepillier.* — Paul Harel : *A l'enseigne du Grand
Saint-André.* — Robert de la Villehervé : *Le Gars Perrier.*
— Abel Hermant : *Le Cavalier Miserey.* — Max du Veu-
zit : *La Jeannette.* — Charles Foley : *Fiancés de Prin-
temps.* — Maurice Lefèvre : *Madame Carignan.* — Jean
Poujade : *Les Armures de Cendres.* — Léon Déries : *Au
pays des herbages.*

Orléanais. — Philippe Chaperon : *Fille de légende.*

Perche. — Stanilas Millet : *Rougicotte et Boisjoli.*

Périgord. — Eugène Le Roy : *Le Moulin du Frau. Jac-
quou le Croquant. Nicette et Milou. Au pays des pierres.
Les Gens d'Auberoque.* — Jules Claretie : *Pierrille.* — Dubut
de Laforest : *Colette et Renée.* — Georges de Peyrebrune :
Tante Berthe. — Pouchan : *Vésone.* — Hemma-Prosbert :
Le Château de Reilland. La Chasse au mariage.

Picardie. — Mme Juliette Adam : *Récits d'une paysanne.*
— Antony Blondel : *L'Heureux village.* — Arthur Dour-
liac : *Le Supplice d'une mère. Tayons et Tayonnes.* — Léon
Duvauchel : *Le Tourbier. L'Hortillonne.* — F. Berteaux :
La Tard-Venue. — Louis Noll : *Estrées-Blanche.*

Poitou. — René Bazin. — Mme Gabrielle Réval. — Gaston Chérau. — Jules Sandeau. — Georges Clémenceau : *Le Grand Pan. Plus forts.* — Charles Foley : *Guilleri-Guilloré.* — Th. Geslau : *Sans honneur.* — A. Léo : *Un Mariage scandaleux.* — Georges Fagot : *Fiançailles tragiques.* — Cécile Cassot : *Le Secret d'Ursule.* — Gustave Guitton : *Les Essayeuses.* — Fromentin : *Dominique.* — Edmond Thiaudière. — Pierre Caillet : *Michelle.* — André Theuriet : *Le fils Maugars.* — Léon Deschamps : *Le Village.* — Arthur Ranc : *Le Roman d'une conspiration.* — Docteur Corneille : *Contes.* — Auguste Gaud : *Ma grand'-mère Toinon.* — Henri Clouzot : *Nouvelles.*

Provence. — Mistral : *Memòri e Raconte.* — Roumanille : *Li Conte prouvençau.* — Jules de la Madelène : *Le Marquis de Saffras.* — Henri de la Madelène : *Contes comtadins.* — Élie Berthet : *La Bastide Rouge.* — Nicolas de Sémenow : *Sous les Chênes verts.* — George Sand : *Tamaris.* — Mme Juliette Adam : *Dans les Alpes. Voyage autour du Grand Pin. Récits du golfe Juan.* — Alphonse Daudet. — Ernest Daudet. — Émile Zola. — Paul Arène : *La Chèvre d'or. Contes de Noël. Domnine.* — Victor Cherbuliez : *Le Roman d'une honnête femme.* — Mary Lafon. — Mme Charles Reybaud : *Hélène.* — Marius Roux : *Eugénie Lamour.* — Félix Gras. — Jean Aicard. — Noël Blache : *Au pays du Mistral, Melcv. Monsieur Peymarlier. Césarin Audoly. Clairs de soleil. Clairine.* — Horace Bertin : *Croquis.* — J.-Irénée Aviat : *Nouvelles avignonnaises.* — Camille Allary : *Au pays des cigales.* — Valère Bernard : *Bagatouni. Li Boumian.* — Folco de Baroncelli-Javon : *Babali.* — Émile Valentin : *Le Mas des Sylvains.* — Fernand Beissier : *Le Galoubet.* — Louis Funel : *Li Masajan. Courouno routo. Lou Tin-pò.* — André Sylvabel : *Les Meyffren.* — Henry Bordeaux : *La Voie sans retour.* — Gabriel Gérin : *Mariniers du Rhône.* — Lucien Rolmer : *Madame Fornoul et ses héritiers.* —

Roger Dombre : *Mademoiselle d'Ypre*. — Maurice Beaubourg : *Dieu ou pas Dieu*. — Augustin Lion : *Suzanne Aubriès*. — Jean Lorrain : *L'École des vieilles femmes*. — Fernand de Rocher : *Les Particulés*. — Charles Boy : *Lis Idèio de Banastoun*. — Charles Géniaux : *Le Roman de la Riviera*. — Denys Ailhaud : *Visions de Provence*. — H. Bout de Charlemont : *La Sonnaille de Robin*. — Auguste Marin. — Aurélien Coulanges : *Francette*.

ROUERGUE. — Émile Pouvillon : *Les Antibel*. — Georges Beaume : *Jacinthe*. — Fernand Lafargue : *Les Ouailles du curé Fargeas. L'Hostie*. — François de Julliot : *Terre de France*.

SAINTONGE. — Marcelle Tinayre : *L'Oiseau d'orage*.

SAVOIE. — Charles Buet : *Les Mystères de Ville Blanche. Le Péché*. — André Theuriet : *Amour d'Automne. Cœurs meurtris. Le Manuscrit du chanoine*. — Henry Bordeaux : *Le Pays natal. Le Lac noir. Les Roquevillard*. — Jules Arnulf : *Chair inquiète*.

THIÉRACHE. — Jean Richepin : *Le Cadet*.

TOURAINE. — Balzac : *La Grande Bretèche. La Grenadière. Le Curé de Tours. Le Lys dans la vallée*. — Cécile Cassot : *La Chanson de l'alouette*. — Marc Langlais : *La Coudraie*. — Claude Ferval : *La Vie de château*. — René Boylesve : *L'Enfant à la balustrade*.

VELAY. — Calemard de La Fayette : *Histoire du Petit Pierrou. La Prime d'Honneur*. — Frédéric Lallier : *Un Malheur Complet*. — J. Venet : *Guillaume le Réfractaire*. — Aimé Giron : *Les Lurons de la Ganse. La Béate*. — Pierre Boyer : *L'Adieu de l'artiste*.

VEXIN. — Gérard de Nerval : *Les Filles du Feu*. — Maurice Jouannin : *Madame de la Seyne*. — Marcel Boulenger : *Au pays de Sylvie*.

VIVARAIS. — Firmin Boissin : *Jan de la Lune.* — Jean Volane : *En Vivarais.* — Louis Courtine : *Souvenirs du bon vieux temps en Ardèche.*

DE BEAUREPAIRE-FROMENT.

APPENDICE II

ANTHOLOGIES POÉTIQUES MODERNES

1. — ANTHOLOGIES GÉNÉRALES[1]

Charles Fuster : *Les Poètes du Clocher*.

A. Grimaud : *La Race et le Terroir*. Cahors, Petite Bibl. Provinciale, 1903.

Constant Hennion : *Les Fleurs félibresques*. Paris, Aix, Guitton-Talamel, 1883.

A. M. Gossez : *Les Provinces poétiques*, en cours de publication dans la revue *La Province* (le Havre).

Paul Roman : *Lou Gai Sabé*, 1905, 1906, 1907. Avignon, Aubanel frères.

Consulter aussi tous les Almanachs dialectaux.

2. — ANTHOLOGIES SPÉCIALES A UNE PROVINCE

Bretagne. — *Le Parnasse Breton contemporain*. Paris, Champion. — Olivier de Gourcuff : *Gens de Bretagne. Prose et Poésie*. Paris, 1900.

Flandre et région du nord. — A.-M. Gossez : *Poètes du Nord*. Paris, Ollendorff, 1902.

Normandie. — Poinsot et Féret : *Anthologie des poètes normands contemporains*. Paris, Floury, 1903.

---

1. Pour la France ou pour un ensemble de provinces.

PROVENCE.— François Delille : *Chants des Félibres.* Paris, Ghio, 1881 (trad. sans texte).

René Montaut : *Lectures ou versions provençales.* Avignon, Aubanel, 1899.

SAVOIE. — Jules Philippe : *Les Poëtes de la Savoie.*

VIVARAIS. — H. Vaschalde : *Anthologie patoise du Vivarais.* Montpellier, Coulet, 1875.

APPENDICE III

PROVINCES POÉTIQUES CONTEMPORAINES [1]

Anjou : G. Carantec, Paul Pionis.

Ardennais : A. Fage, L. Hubert.

Artois : David. Lamy, Massy, Mousseron (en dialecte), J. Breton, A. Lantoine, S. Ch. Leconte, Malo.

Aunis et Saintonge : P. Ardouin, L. Depont, Georges Gourdon, André Lemoyne.

Auvergne : Emmanuel des Essarts, A. Lieby, Pierre de Nolhac, A. Vermenouze.

Béarn : Francis Jammes.

Berry : Hugues Lapaire, Gabriel Nigond.

Bourgogne : H. Buffenoir, F. Fertiault, Lucien Paté.

Bresse : Ph. Le Duc, Gabriel Vicaire.

Bretagne : Édouard Beaufils, Yves Berthou, Th. Botrel, D. Caillé, Ch. Daniélou, F. Fleuriot-Kérinou, O. de Gourcuff, Illio, Le Braz, Le Goffic, Jos Parker, Plémeur, Duchesse de Rohan, Paul Sébillot, Taldir (en breton)[2], Tiercelin, Yann Nibor.

Champagne : A. Baudoin, Ch. des Guerrois, Z. P. de Lutel, A. Thévenot.

1. Cette liste est dressée en partie d'après l'anthologie de M. A. Grimaud. Elle ne compte que des auteurs vivants ou morts assez récemment. On trouvera plus loin une liste spéciale pour les auteurs qui ont écrit en langue d'oc.

2. Pseudonyme de Jaffrennou.

Dauphiné. — Zénon Fière, Émile Trolliet.

Flandre : Angellier, Blanguernon, Bocquet, Capon, Delattre, Droulers. Eon, A. Guerre, Gossez, Houbron, É. Lante, Florian Parmentier, A. Prouvost, Segard.

Pays de Foix : Raoul Lafagette.

Franche-Comté : Frédéric Bataille, Ch. Dornier, Charles Grandmougin.

Gascogne : Emm. Delbousquet, Paul Maryllis, Jean Rameau, Valmy-Baysse.

Ile-de-France : P. Gauthiez, Albert Mérat, Poinsot.

Languedoc : H. Bauquier, Charles-Brun, J.-R. de Brousse, A. Coutet, L. Dauphin, P. Fons, R. Frêne, E. Gaubert, Hortala, Paul Hubert, Labarre, M. Lafargue, R. Lizop, Maffre de Baugé, A. et M. Magre, Pontier, A. Praviel, Paul Redonnel, L.-X. de Ricard, Rigal, F. Rivet, D. Thaly, Théron de Montaugé, Touny-Léris.

Limousin : A. Jaubert, Lestourgie, Edouard Michaud.

Lorraine : R. d'Avril, P. Briquel, Charles Guérin, E. Hinzelin, A. Theuriet.

Lyonnais et Forez : J. Bach-Sisley, P. de Bouchaud, P. Durel, Louis Mercier, A. Lugnier, L. Raymond.

Marche : Maurice Rollinat.

Nivernais : Achille Millien.

Normandie : Beauclair, Beuve (en dialecte normand), Léon Berthaut, Mᵐᵉ Delarue-Mardrus, Ch. Th. Féret, Florentin-Loriot, A. et Ch. Frémine, Paul Harel, L. Haugmard, Le Sieutre, Le Vavasseur, E. et S. Millet, Montier, Normandy, Paysant, de Raimes, Roinard, Thouret, Tis, Tournevielle, Trézenik, Vard, de Venancourt, de la Villehervé.

Périgord : H. Cellerier.

Picardie : Delisle, Léon Duvauchel, Philéas Lebesgue, Prarond.

Poitou et Vendée : A. Barrau, É. Bocquier, H.-S. Caillon, Jean de la Chesnaye (Moïse Poiraud), Dr Pierre Corneille Saint-Marc, Victor Faguet, Auguste Gaud, Martineau, E. Thiaudière, Jean Philippe, René Vallette.

Provence : Jean Aicard, J. Gasquet, Clovis Hugues, Adolphe Lieby, Alexis Mouzin, Jacques Normand, Jean Renouard, É. Ripert, F. de Rocher, Roux-Servine, Paul Souchon.

Quercy : Delthil, F. Maratuech.

Rouergue : E. Auréjac, François Fabié, Ch. de Pomairols.

Roussillon : Amade, Camo, H. Muchart, Orliac, Saisset, Tresserre.

Sologne et Blésois : G. Bouyer, Hubert-Fillay, J.-M. Simon.

Touraine : Z. Rougé.

Velay : O. de la Fayette.

Vivarais : H. Bomel, F. du Lignon, J. Lointier, Jean Volane.

APPENDICE IV

LISTE

DES PRINCIPAUX FÉLIBRES ET ÉCRIVAINS

EN LANGUE D'OC DEPUIS LA FONDATION DU FÉLIBRIGE (1854)[1].

Albarel, L. Al-Cartero (Dr Lacourret), A.-G. d'Almeïda, Gatien Almoric, Louis Alvernhe, Frédéric Amouretti, Amy, Marius André, Antoinette de Beaucaire, Paul Arène, Joseph d'Arbaud, Albert Arnavielle, Mme Artaud, L. d'Astros, L. Astruc, Théodore Aubanel, Aubert, Charles Aublant, Edouard Aude, S. Audibert, Emmanuel Auréjac, Abbé Aurouze, Autheman, Jacques Azaïs, Gabriel Azaïs.

Bacquié-Fonade, Auguste Bancharel, Emile Bancharel, Paul Barbe, Bard, Valentin Bardou, Barodat de Lacaze, de Baroncelli-Javon, Emile Barthe, Abbé Barthélemy, Melchior Barthés, Bastide de Clauzel, Baussan, Jean Bayol, de Beaurepaire-Froment, Abbé Beguin, Auguste Bénazet, Olympe Bénazet, Robert Benoît, Bergues-Lagarde, de Ber-

---

1. Malgré toute notre bonne volonté, il est certain que cette liste omet un grand nombre de noms qui mériteraient d'être signalés : nous serions très reconnaissants à ceux de nos lecteurs qui voudraient bien nous aider à compléter cette nomenclature, ainsi que les trois appendices qui précèdent. Pour la langue d'oc, on peut d'ailleurs se référer à l'*Histoire du Félibrige* de Gaston Jourdanne, à la *Terre Provençale* de Paul Mariéton et aux remarquables travaux bibliographiques d'Edmond Lefèvre, (Ruat, éditeur, Marseille).

luc-Pérussis, Chanoine E. Bernard, Valère Bernard, Pierre Bertas, Antony Berthier, Abbé Justin Bessou, Hercule Birat, Bigot, Mme Bischoffsheim, Bladé, Théodore Blanc, Blavet, Justin Boillat, Mme Boissière, E. Bombal, W. Bonaparte-Wyse, Abbé Bongarçon, De Bonnecorse, Abbé Bonnel, J. Bonnel, Baptiste Bonnet, P. Bonnet, G. Borel, L. Borel, Emile Boudon, A. Boudin, Edouard Bourciez, Chanoine Bourges, Marius Bourrelly, Bourrilly, C. Bousquet, H. Bouvet, Ch. Boy, Antide Boyer, Boyer d'Agen, Léon Branchet, D. Bras, Brémonde de Tarascon, L. de Bresc, Bringuier, Guillaume Brousse, Paul Brousse, Dr Bru, Ar. Brun, Jean Brunet, Anric del Busca.

Abbé J. Cabibel, Cahuzac, Emile Cailloux, Michel Camélat, Guy de Canolle, Canonge, Carles de Carbonnières, Xavier de Cardailhac, Abbé Cassagne, Jean Castéla, Castelnau, Castil-Blaze, Abbé Cau-Durban, Danton Cazelles, Cazaux, Camille Chabaneau, Dr Chabrand, Chailan, B. Chalvet, Abbé Xavier Champmas, Charles-Brun, Chaupin, Paul Chassary, Auguste Chastanet, Philippe Chauvier, Paul Coffinières, L. Constans, Contencin, Coulazou, Coulin, Abbé F. Courchinoux, J.-F. Court, J. Coustou, Abbé Couture, L. Crest, Pascal Cros, A. Crousillat.

Daproty, Albert Darclanne, Abbé Léopold Dardy, Alphonse Daudet, Abbé C. Daugé, Casimir Dauphin, H. Dauphin, Dr Dejeanne, Victor Delbergé, P. Deleuze, Marc Delreil, M. Delrieu, Deluns-Montaud, Charles Derennes, Désanat, Désazars de Montgailhard, Léonce Destremx, Pierre Devoluy, Frédéric Donnadieu, A. Duboul, Lucien Duc, Abbé Yves Dufor, Dujarric-Descombes, Adolphe Dumas, Arthémon Durand, Marcel Durey, Alcée Durrieux, E. Dussol.

F. Escaich, Prosper Estieu, J. Eyssaudi, Eysseric, Eyssette, J. Eyt.

Paul Fagot, D' Fallen, François Favier, M. Faure,
A. Fédières, P. Félix, Charles Folié-Desjardins, Marius
Fontan, Fougère-Dubourg, A. Fourcade, Auguste Fourès,
Dom Xavier de Fourvières, René Fournier, Fruchier,
Adrien Frissant, Paul Froument, M. Frizet, Louis Funel.

Jean Gaidan, Galibert, Clément Galicier, de Gantelmi
d'Ille, Eugène Garcin, Jacques Gardet, Victor Garonne,
Joachim Gasquet, Mme Gasquet, · Mgr Gassiat, M. Gaubié,
Paul Gaussen, J.-B. Gaut, A. Gautier, Mme J. Gautier,
Joseph Gayssot, Mme Gelade, Louis Gelle, Victor Gélu,
Mlle Marguerite Genès, Léon Géry, Paul Giéra, Raoul Gi-
nèste, Marius Girard, H. Giraud, Aimé Giron, A. Glaize,
Glaup, Mme Goirand, Paul Gourdon, L. Gramon, Félix Gras,
Arnaud Grenier, Grivolas, Grollier, Charles Gros, Josselin
Gruvel, Guichard, Bertrand Guillem-Pène, Baron Hippo-
lyte Guillibert, D. Guiraldenc, Fr. Guisol.

Gabriel Haon, Mlle E. Houchart, Laurent Hot, Clovis Hugues, Huot.

Abbé Imbert.

Hector Jacomet, Gaston Jourdanne, Elzéar Jouveau.

Abbé Labaig-Langlade, Laclau, Lacmard, Hippolyte La-
combe, A. de Lacrousille, Dr Laborde, Raymond Laborde,
Jean-Louis Lacontre, Sylvain Lacoste, Lafage, Ernest La-
font, Daniel Lafore, Laforêt, Théodore Lagravère, H. Lai-
det, J.-V. Lalanne, S. Lambert, Louis Lambert, Alexandre
Langlade, Auguste Laurans. B. Laurens, Jean Laurès,
Lazarine de Manosque, E. Lèbre, L. Legré, F. Lescure,
Victor Levère, V. Lhermite (frère Savinien-Joseph), Victor Lieutaud, R. Lizop, E. Long, Joseph Loubet.

Antonin Maffre, Achille Maffre de Baugé, Abbé Céles-
tin Malignon, Abbé Jean Manuel, Francis Maratuech,
Remy Marcelin, Mlle de Margon, Paul Mariéton, Auguste

Marin, Alfred Marpillat, A. Marrel, E. Marsal, Ch. Martin,
Rodolphe Martin, Paul Maryllis, Abbé Mascle, Antoine
Massoulès, Anselme Mathieu, Maurel, Charles Maurras,
Fernand de Mazet, Léon Méjan, Lucien Mengaud, Régis
Michalias, Alphonse Michel, Sextius Michel, Chanoine Mille,
Achille Mir, Frédéric Mistral, M.-J. Monéger, Jean Monné,
Paul Moulinier, Chanoine Moutier, Alexis Mouzin.

Abbé Jean Neau, Émile Négrin, Henri Ner, Joseph Nou-
lens, Louis de Nussac.

Adrien Pagès, Simin Palay, Abbé Pascal, E. Pefourque,
Pélabon, Henri Pellisson, Justin Pépratx, Antonin Perbosc,
G. Perrier, Napoléon Peyrat, Alexis Peyret, Philadelphe
de Gerde, L. Piat, Pinguet (Jean Clauset), Pigot, J. Plan-
tadis, Adrien Planté, E. Plauchud Arthur Poydenot,
Adrien Pozzy.

Augustin Quercy.

M. Raimbault, Ranquet, Charles Ratier, Recoquillon,
Paul Redonnel, Pierre Reverdy, Jules Rey, G. de Rey,
C. Reybaud, Joseph Reynaud, Ricard-Bérard, L.-Xavier
de Ricard, Chanoine Richaud, O. Richemont, Amable Ri-
chier, Charloun Rieu, François Rigal, Maurice Rivière-
Bertrand, D. Xavier Rivière, D. Rondelly, Jules Ronjat,
Alphonse Roque-Ferrier, Roudier, Auguste Roudouly,
Joseph Roumanille, Mme Roumanille, Louis Roumieux,
Mme Roumieux, A. Rouquet, Jean-Baptiste Rouquet,
Louis Rouquier, Ern. Roussel, Ant. Roux, Abbé Joseph
Roux, Ruat.

Sabatier, Duc de la Salle de Rochemaure, Isidore Salles,
Junior Sans, Louis de Santi, Sernin Santy, Abbé Sarran,
de Sarran d'Allard, Bernard Sarrieu, Frère Savinien,
Ch. Senès (La Sinso), Mlle Sol, Jean-Venture Soulé, Joseph
Soulet, André Sourreil, Abbé Spariat, Victor Sylvestre.

Abbé Tallez, Alphonse Tavan, B. Télismart, A. Teulié,

G. Thérond, Abbé Thial, Tombarel, de Toulouse-Lautrec, Ch. de Tourtoulon, Troubat, A. Tozy, Troubat, Marius Trussy, René Tulet.

J. Véran, Verdot, Alban Vergne, Louis Vergne, A. Vermenouze, Louis Vestrepain, Jean-Baptiste Veyre, A. Veyrier, Achille Vidal, François Vidal, Louis Vidal, de Villeneuve, G. Visner.

Jean Younet.

INDEX ALPHABÉTIQUE

DES NOMS PROPRES[1]

---

[1] Nous n'avons pas compris dans cet Index les noms des écrivains qui ont écrit en langue d'oc : ces noms sont déjà cités, par ordre alphabétique, dans l'appendice IV, p. 84.

TABLE DES MATIÈRES

APPENDICES

Évreux, imprimerie Ch. Hérissey et fils